Nebo II

„Dvanaest je vrata dvanaest bisera.
Pojedina su vrata od jednog bisera.
Gradski je trg od čistog zlata,
nalik na prozirno staklo."
(Otkrivenje 21,21)

Nebo II

Ispunjeno Božjom Slavom

DR. JAEROCK LEE

Nebo II : Dr. Jaerock Lee
Nakladnik: Urim Books (Predstavnik: Seongnam Vin)
73, Yeouidaebang-ro 22-gil, Dongjak-gu, Seul, Koreja
www.urimbooks.com

Sva prava pridržana. Ni ova knjiga niti njezini dijelovi ne smiju se reproducirati u kojem obliku, pohranjivati u računalni sustav niti prenositi ni na koji način, elektroničkim, mehaničkim putom, fotokopiranjem, snimanjem te ni na koji drugi način bez prethodnog pisanog odobrenja izdavača.

Osim ako nije drukčije naznačeno, svi citati iz Svetog pisma preuzeti su iz Biblije Kršćanske sadašnjosti, Zagreb, 2008. ®, autorska prava © prvo izdanje u vlastitoj nakladi 1974. izdavača Kršćanska sadašnjost, Zagreb, 2008. Odobreno korištenje.

Autorska prava © 2017: Dr. Jaerock Lee
ISBN: 979-11-263-0274-1 04230
ISBN: 979-11-263-0273-4 (set)
Autorska prava na prijevod © 2014: Dr. Esther K. Chung. Odobreno korištenje.

Prethodno na korejskom objavio 2002. Urim Books

Prvi put objavljeno u travnju 2017.

Urednik: Dr. Geumsun Vin
Dizajn: Urednički ured
Tisak: Prione Printing
Za više informacija obratite nam se na urimbook@hotmail.com

 Predgovor

Moja je molitva da postanete istinsko Božje dijete i da imate udio u istinskoj ljubavi te vječnoj sreći i radosti u Novom Jeruzalemu gdje prebiva Božja ljubav.

Svu slavu i hvalu dajem Bogu Ocu koji mi je jasno otkrio kakav je život na nebu te nas blagoslovio kako bismo mogli izdati knjigu *Nebo I: Bistro i Prekrasno poput Kristala* i sada *Nebo II: Ispunjeno Božjom Slavom*.

Čeznuo sam za time da spoznam više detalja o nebu te ustrajno molio i postio. Nakon sedam godina, Bog mi je napokon odgovorio na molitve i danas mi otkriva dublje tajne o duhovnim stvarnostima.

U prvom dijelu serije o nebu, ukratko sam opisao različita prebivališta u nebu podijelivši ih na: Raj, Prvo kraljevstvo nebesko, Drugo kraljevstvo nebesko, Treće kraljevstvo nebesko i Novi Jeruzalem. Drugi dio će detaljno istražiti najljepše i najslavnije prebivalište u cijelom nebu: Novi Jeruzalem.

Bog ljubavi pokazao je Novi Jeruzalem apostolu Ivanu i dopustio mu da zabilježi što je vidio te je to postalo dio Biblije. Danas, kada je Gospodinov povratak sve bliži, Bog izlijeva Duha Svetoga na brojne ljude te nam detaljnije otkriva nebo. Tome je tako da bi nevjernici diljem svijeta povjerovali u život nakon smrti koji se sastoji od raja i pakla i da bi oni koji vjeruju u Krista živjeli pobjedonosnim životima i težili pronositi evanđelje po cijelom svijetu.

Upravo zato je apostol Pavao, koji je bio zadužen za širenje evanđelja poganima, potaknuo svoga sina u vjeri Timoteja rekavši mu: „*A ti budi trijezan u svemu, podnesi patnje, vrši djelo propovjednika Radosne vijesti; ispuni svoju dužnost do kraja!*" (2 Tim 4,5)

Bog mi je dao jasno otkrivenje raja i pakla kako bi ga prenio na sve četiri strane svijeta naraštajima koji dolaze. Bog želi da se svi spase: ne želi vidjeti niti jednu dušu u paklu. Štoviše, Bog želi da što više vjernika uđe u Novi Jeruzalem i zauvijek prebiva u

Predgovor

njemu. Stoga, nitko ne bi smio osuditi ili prezreti ove od Boga dane poruke otkrivene po nadahnuću Duha Svetoga.

U *Nebo II* pronaći ćete mnoge tajne vezane uz nebo, lik Boga koji je postojao o samog početka svijeta, Božje prijestolje i tome slično. Vjerujem da će takvi detalji i opisi svima onima koji iskreno teže za nebom pružiti obilje radosti i sreće.

Grad Novi Jeruzalem, stvoren nemjerljivom ljubavlju i nevjerojatnom moći Božjom, ispunjen je njegovom slavom. U Novom Jeruzalemu nalazi se duhovni vrh gdje je Bog oblikovao samoga sebe u Trojstvo kako bi ostvario proces ljudskog oblikovanja i obnove i samo Božje prijestolje. Možete li zamisliti kako će veličanstveno, predivno i sjajno biti to mjesto? To je tako fantastičan i sveti prizor da ga nikakva ljudska mudrost ne može pojmiti.

Stoga morate shvatiti da Novi Jeruzalem nije nagrada za sve

koji prime spasenje. On je samo za onu Božju djecu čija srca, nakon što su dugo boravila u ovome svijetu, na kraju budu čista i bistra poput kristala.

Želim se posebno zahvaliti Gumsum Vin, voditelju uredničkog tima te prevoditeljskom timu.

Sve koje čitaju ovu knjigu blagoslivljam u ime Gospodnje te im želim da postanu istinska djeca Božja i budi sudionici istinske ljubavi u vječnoj sreći i radosti u Novom Jeruzalemu koji je ispunjen Božjom slavom!

Jaerock Lee

Uvod

Nadam se da ćete biti blagoslovljeni dok otkrivate najsvjetlije detalje o Novom Jeruzalemu te u vječnosti prebivati što je bliže Božjem prijestolju na nebu...

Svu slavu i hvalu dajem Bogu koji nas je blagoslovio kako bismo mogli izdati knjigu *Nebo I: Bistro i Prekrasno poput Kristala* i njezin nastavak *Nebo II: Ispunjeno Božjom Slavom*.

Ova se knjiga sastoji od devet poglavlja, a svako od njih daje jasan opis najsvetijeg i najdivnijeg prebivališta u nebu, Novog Jeruzalema, govoreći o njegovoj veličini, sjaju i životu u njemu.

Prvo poglavlje – „Novi Jeruzalem: Ispunjen Božjom slavom" – daje pregled Novog Jeruzalema i objašnjava tajne kao što su Božje prijestolje i duhovni vrh na kojem se Bog oblikovao u Trojstvo.

Drugo poglavlje – „Imena dvanaest plemena i dvanaest

apostola" – objašnjava vanjski izgled grada. Okružen je visokim i velikim zidinama i imena dvanaest Izraelovih plemena upisana su na dvanaestorim vratima na sve četiri strane svijeta. Na dvanaest temelja grada nalaze se upisana imena dvanaest apostola te će u ovom poglavlju biti opisani razlozi i značenja toga.

Treće poglavlje – „Veličina Novog Jeruzalema" – saznat ćete o izgledu i dimenzijama Novog Jeruzalema. Ovo poglavlje objašnjava zašto Bog mjeri veličinu Novog Jeruzalema zlatnom trskom te da onaj koji želi ući u taj grad mora imati sve važne značajke koje se mjere tom zlatnom trskom. Također govori o tome zašto je širina, duljina i visina grada dvanaest tisuća stadija, odnosno 2220 kilometara.

Četvrto poglavlje – „Načinjen od čistog zlata i dragulja svih boja" – u detalje istražuje svaki materijal od kojeg je sagrađen Novi Jeruzalem. Cijeli grad je ukrašen čistim zlatom i drugim dragim kamenjem i poglavlje opisuje ljepotu boja, sjaja i svjetla. Nadalje, objašnjava zašto je Bog sagradio zidine od jaspisa, a cijeli grad od čistog zlata koje nalikuje prozirnom staklu. Poglavlje

Uvod

također opisuje važnost duhovne vjere.

Peto poglavlje – „Značaj dvanaest temelja" – u njemu ćete naučiti o zidovima Novog Jeruzalema izgrađenim na dvanaest temelja te koje je značenje jaspisa, safira, kalcedona, smaragda, sardoniksa, sarda, hrizolita, berila, topaza, hrizopraza, hijacinta i ametista. Kada zbrojite duhovno značenje svakoga od ovih dvanaest dragulja, uvidjet ćete kakvo je Isusovo i Božje srce. Poglavlje vas potiče da sami postignete da vaša srca budu poput dvanaest dragulja kako biste mogli ući i boraviti u Novom Jeruzalemu.

Šesto poglavlje – „Dvanaestora vrata od bisera i ulice od zlata" – objašnjava zašto su dvanaestora vrata od bisera i koje je njihovo duhovno značenje kao i duhovno značenje trga od čistog zlata koji je nalik prozirnom staklu. Kao što školjka proizvodi dragocjeni biser tako što trpi bol, ovo poglavlje vas ohrabruje da trčite prema dvanaestorim bisernim vratima Novog Jeruzalema nadvladavajući svakojake poteškoće i kušnje s vjerom i nadom.

Sedmo poglavlje – „Očaravajući spektakl" – vodi vas unutar zidina Novog Jeruzalema koji je uvijek u svijetlu. Spoznat ćete duhovno značenje fraze: „Njegov hram, naime, jest Gospodin, Bog, Svemogući i Janje", naučit o veličini i ljepoti dvorca u kojem prebiva Gospodin i slavi ljudi koji će ući u Novi Jeruzalem kako bi proveli vječnost s Gospodinom.

Osmo poglavlje – „Vidjeh Sveti grad, Novi Jeruzalem" – upoznaje vas s domom jednog pojedinca koji je živio vjeran i posvećen život na zemlji te je primio veliku nagradu na nebu. Imat ćete priliku baciti pogled na sretne dane u Novom Jeruzalemu čitajući o različitim veličinama i sjaju nebeskih kuća, mnogim ustanovama i sveukupnom životu na nebu.

Deveto poglavlje – „Prva gozba u Novom Jeruzalemu" – vodi vas do scene prve gozbe koja će se održati u Novom Jeruzalemu nakon suda pred velikim bijelim prijestoljem. Nakon upoznavanja s nekima od otaca vjere koji borave blizu Božjeg prijestolja, knjiga *Nebo II* zaključuje blagoslivljajući svakoga čitatelja kako bi imao srce čisto i bisto poput kristala te mogao/la prebivati bliže

Uvod

Božjem prijestolju u Novom Jeruzalemu.

Što više učite o nebu, to čudesnije ono postaje. Novi Jeruzalem, kojeg možemo smatrati samom jezgrom neba, je mjesto na kojem ćete pronaći Božje prijestolje. Ako ste upoznati s ljepotama i slavom Novog Jeruzalema, sigurno ćete se i pouzdano nadati nebu te imati jasno poimanje svog života u Kristu.

Kako se sve više približava vrijeme Isusova povratka kada će on imati pripremljeno mjesto za nas na nebu, nadamo se da ćete s knjigom *Nebo II – Ispunjeno Božjom Slavom* pripremiti za vječni život.

U Isusovo ime molim da možete prebivati blizu Božjeg prijestolja posvetivši sebe žarkom nadom u život u Novom Jeruzalemu i vjernošću u svim svojim od Boga danim dužnostima.

Geumsun Vin
Direktor uredničkog tima

Sadržaj

Predgovor

Uvod

Prvo poglavlje **Novi Jeruzalem: Ispunjen Božjom slavom • 1**

1. U Novom Jeruzalemu je Božje prijestolje
2. Iskonsko Božje prijestolje
3. Janjetova Zaručnica
4. Sjajan poput dragog kamenja i bistar poput Kristala

Drugo poglavlje **Imena dvanaest plemena i dvanaest apostola • 15**

1. Dvanaest anđela čuvaju vrata
2. Imena dvanaest Izraelovih plemena upisana na dvanaestorim vratima
3. Imena dvanaest apostola upisana na dvanaest temelja

Treće poglavlje **Veličina Novog Jeruzalema • 33**

1. Izmjeren zlatnom trskom
2. Kockasti oblik Novog Jeruzalema

Četvrto poglavlje **Načinjen od čistog zlata i dragulja svih boja • 41**

1. Ukrašen čistim zlatom i svakovrsnim draguljima
2. Zidovi Novog Jeruzalema sagrađeni od jaspisa
3. Od čistog zlata kao čisto staklo

Peto poglavlje **Značenje dvanaest temelja • 51**

1. Jaspis: duhovna vjera
2. Safir: čestitost i integritet
3. Kalcedon: nevinost i požrtvovna ljubav
4. Smaragd: pravednost i čistoća
5. Sardoniks: duhovna vjernost
6. Sard: strastvena ljubav
7. Hrizolit: milosrđe
8. Beril: strpljivost
9. Topaz: duhovna dobrota
10. Hrizopraz: samokontrola
11. Hijacint: čistoća i svetost
12. Ametist: ljepota i blagost (nježnost)

Šesto poglavlje **Dvanaestora vrata od bisera i ulice od zlata • 95**

1. Dvanaestora vrata od bisera
2. Ulice od čistog zlata

Sedmo poglavlje **Očaravajući spektakl • 111**

1. Nema potrebe za suncem i mjesecom
2. Zanos Novog Jeruzalema
3. Zauvijek boraviti s Gospodinom, našim Zaručnikom
4. Slava stanovnika Novog Jeruzalema

Osmo poglavlje **„Vidjeh Sveti grad, Novi Jeruzalem" • 135**

1. Nebeske kuće nezamislive veličine
2. Veličanstveni dvorac s potpunom privatnošću
3. Mjesta za razgledavanje na nebu

Deveto poglavlje **Prva gozba u Novom Jeruzalemu • 165**

1. Prva gozba u Novom Jeruzalemu
2. Prvorangirana grupa proroka u nebu
3. Predivne žene u Božjim očima
4. Marija Magdalena boravi blizu Božjeg prijestolja

Prvo poglavlje

Novi Jeruzalem: Ispunjen Božjom slavom

1. U Novom Jeruzalemu je Božje prijestolje
2. Iskonsko Božje prijestolje
3. Janjetova Zaručnica
4. Sjajan poput dragog kamenja i bistar poput Kristala

„ 'I prenese me – u duhu' – na neku veliku
i visoku goru te mi pokaza Sveti grad,
Jeruzalem, gdje silazi s neba sa slavom
Božjom u sebi. Njegov sjaj bijaše sličan
dragom kamenu,
prozirnom kamenu jaspisu."

- Otkrivenje 21,10-11 -

Nebo je mjesto s četiri dimenzije u kojem vlada Bog ljubavi i pravde. Iako nije vidljivo golim okom, nebo svakako postoji. Ako uzmete u obzir da je nebo najbolji dar koji je Bog pripremio za svoju djecu koja su primila spasenje, možete samo zamisliti koliko će u njemu biti sreće, radosti, zahvalnosti i slave.

Međutim, postoje različita prebivališta u nebu. Postoji Novi Jeruzalem u kojem se nalazi Božje prijestolje, ali isto tako postoji i Raj u kojem će zauvijek prebivati ljudi koji su se jedva spasili. Baš kao što postoje velike razlike između života u kolibi i života u dvorcu na ovom svijetu, isto tako postoji velika razlika u slavi između ulaska u Raj i ulaska u Novi Jeruzalem.

Bez obzira na to, neki vjernici smatraju da su Raj i Novi Jeruzalem isto, a neki ni ne znaju da postoji Novi Jeruzalem. Kako je to žalosno! Nije lako zaposjesti nebo čak niti ako posjeduješ znanje o njemu. Kako će onda netko nastojati doći do Novog Jeruzalema ako ne zna ništa o njemu?

Stoga je Bog apostolu Ivanu dao otkrivenje Novog Jeruzalema te mu dopustio da ga opiše u Bibliji. Dvadeset i prvo poglavlje Otkrivenja detaljno opisuje Novi Jeruzalem, a Ivan je bio taknut samim time što je vidio njegovu vanjštinu.

U Otkrivenju 21,10-11 priznaje: „ *'I prenese me – u duhu' – 'na neku veliku i visoku goru te mi pokaza Sveti grad, Jeruzalem, gdje silazi s neba sa slavom Božjom u sebi. Njegov sjaj bijaše sličan dragom kamenu, prozirnom kamenu jaspisu.'"*

Zašto je, dakle, Novi Jeruzalem pun Božje slave?

1. U Novom Jeruzalemu je Božje prijestolje

U Novom Jeruzalemu nalazi se Božje prijestolje. Koliko bi Novi Jeruzalem trebao biti ispunjen Božjom slavom kad sam Bog prebiva u njemu?

Zato u Otkrivenju 4,8 možete vidjeti da ljudi dan i noć daju slavu, hvalu i čast Bogu: „*Četiri Bića, svako od njih sa po šest krila, puna su očiju okolo i iznutra. Bića bez prestanka – dan i noć – ponavljaju: 'Svet, svet, svet Bog, Gospodar, Svemogući, koji bijaše, koji jest i koji će doći!'*"

Novi Jeruzalem se također naziva i Sveti grad jer je iznova načinjen riječju Boga koji je istinit, bez mane i samo svijetlo u kojem ne prebiva nikakva tama.

Jeruzalem je mjesto na kojem je Isus, kada je došao u tijelu, otvorio put spasenja za sve ljude; gdje je propovijedao evanđelje i ispunio zakon ljubavi. Stoga je Bog sagradio Novi Jeruzalem za ljude koji su ispunili zakon ljubavi kako bi mogli boraviti u njemu.

Božje prijestolje u središtu Novog Jeruzalema

Dakle, gdje se u Novom Jeruzalemu nalazi Božje prijestolje? Odgovor nalazimo u Otkrivenju 22,3-4:

„*Prijestolje Božje i Janjetovo bit će u gradu. Sluge Božje klanjat će Bogu i gledati njegovo lice. A njegovo će ime biti na njihovim čelima.*"

Božje prijestolje smješteno je u samo središte Novog

Jeruzalema i samo oni koji su poslušni Božjoj riječi poput poslušnih slugu mogu ući i vidjeti Božje lice.

To je zato što nam je Bog rekao u Poslanici Hebrejima 12,14: *"U savezu sa svima težite za spasenjem i za posvećenjem bez kojega nitko neće vidjeti Gospodina"*, i u Evanđelju po Mateju 5,8, *"Blago onima koji su čista srce, jer će Boga gledati."* Stoga, morate shvatiti da neće svi moći ući u Novi Jeruzalem u kojem se nalazi Božje prijestolje.

Kako izgleda to Božje prijestolje? Neki možda misle kako jednostavno nalikuje velikom stolcu, ali tome nije tako. U najužem smislu, ono označava mjesto na kojem Bog sjedi, ali u širem smislu, ono označava Božje prebivalište.

Božje prijestolje se odnosi na Božje prebivalište, a okružuju ga duge i prijestolja dvadeset i četiri Starca.

Duge i prijestolja dvadeset i četiri Starca

Možete osjetiti ljepotu, veličanstvenost i veličinu Božjeg prijestolja čitajući retke iz Otkrivenja 4,3-6:

"Onaj koji je sjedio bijaše na pogled kao kamen jaspis i sard. A oko prijestolja bio je sjajan krug, sličan dugi, na pogled kao smaragd. Oko prijestolja još (vidjeh) dvadeset i četiri prijestolja na kojima su sjedila dvadeset i četiri Starca, obučena u bijele haljine, sa zlatnim krunama na svojim glavama. Iz prijestolja izlaze munje i gromovi. Pred prijestoljem gori sedam zubalja, to jest sedam Duhova Božjih. Ispred prijestolja se pruža nešto kao stakleno

more slično kristalu. Između prijestolja i onih oko prijestolja četiri Bića, sprijeda i straga puna očiju."

Mnogi anđeli i nebeske vojske služe Boga. Osim toga, postoje mnoga druga duhovna bića kao što su kerubini i četiri Bića koja ga okružuju.
Također, ispred prijestolja se nalazi stakleno more. To je predivan prizor u kojem se svjetlost raznih boja odražava na staklenoj površini mora.
Kako to ta dvadeseti četiri Starca okružuju Božje prijestolje? Njih dvanaest nalazi se iza Gospodina, a ostalih dvanaest iza Duha Svetoga. Tih dvadeset i četiri Starca su posvećeni pojedinci koji imaju pravo svjedočiti pred Bogom.
Božje prijestolje je predivno, veličanstveno i iznad svega što ljudska mašta može zamisliti.

2. Iskonsko Božje prijestolje

U Djelima apostolskim 7,55-56 Stjepan govori kako vidi Janjetovo prijestolje s desne strane Božjeg prijestolja:

„A on, pun Duha Svetoga, uprije pogled u nebo i vidje slavu Božju i Isusa gdje stoji Bogu s desne strane te reče: 'Evo, gledam otvorena nebesa i Sina Čovječjeg gdje stoji Bogu s desne strane.'"

Stjepan je postao mučenikom nakon što su ga kamenovali jer je hrabro propovijedao o Isusu Kristu. Netom prije no što je umro, otvorile su mu se duhovne oči i mogao je vidjeti Gospodina kako stoji s desne strane Božjeg prijestolja. Gospodin nije mogao sjediti znajući da će Stjepan uskoro postati mučenikom jer će ga ubiti Židovi koji su slušali njegovu poruku. Zato je Gospodin ustao sa svog prijestolja i lio suze dok je gledao kako Stjepana kamenuju na smrt i Stjepan je svojim duhovnim očima vidio tu scenu.

Slično tome, Stjepan je vidio Božje prijestolje gdje borave Bog i Gospodin i moramo uvidjeti da je to prijestolje različito od onoga kojeg je apostol Ivan vidio u Novom Jeruzalemu. Prijestolje Božje koje je Stjepan vidio je iskonsko Božje prijestolje.

U drevnim vremenima, kada bi kralj napustio svoju palaču kako bi razgledao zemlju i njezine stanovnike, njegovi bi mu ljudi sagradili privremeno prebivalište koje bi nalikovalo njegovoj palači. Isto tako, Božje prijestolje u Novom Jeruzalemu nije prijestolje na kojem Bog obično prebiva, već ono kamo dolazi na kraća razdoblja.

Iskonsko Božje prijestolje s početka vremena

Bog je postojao prije početka vremena i sam održavao cijeli svemir (Izl 3,14; Iv 1,1; Otk 22,12). Svemir tada nije bio isti kao ovaj koji mi danas možemo vidjeti, već jedan jedinstveni prostor prije no što je Bog podijelio na materijalni i duhovni svijet. Bog je postojao kao svjetlost i obasjavao cijeli svemir.

On nije bio obična zraka svjetla, već predivno, sjajno svjetlo koje nalikuje vodenom toku koji u sebi nosi sve dugine boje. Možda ćete to moći bolje shvatiti ako si zamislite polarnu svjetlost koje se može vidjeti u blizini Sjevernog pola. Polarna svjetlost je svjetlost različitih boja koja se prostire nebom poput zavjese i kažu da je to tako predivan prizor da ga osoba koja ga je jednom vidjela neće nikada zaboraviti.

Koliko je onda ljepša Božja svjetlost; on koji je zapravo sama svjetlost i kako možemo izraziti sjaj takve svjetlosti različitih boja? Zato u 1 Iv 1,5 piše: „*A ovo je poruka koju smo čuli od njega i koju vam objavljujemo: Bog je svjetlo i nikakve tame nema u njemu.*" Razlog zašto je Bog opisan kao svjetlo nije samo kako bi se opisalo duhovno značenje da kod Boga nema nikakve tame, već kako bi se opisalo kako izgleda Bog koji je postojao prije početka.

Taj Bog koji je prije početka vremena postojao kao svjetlo u svemiru bio je ispunjen glasom. Bog je postojao kao svjetlo ispunjeno glasom i taj glas je Riječ o kojoj govori Evanđelje po Ivanu 1,1: „*U početku bijaše Riječ i Riječ bijaše kod Boga.*"

U prostoru gdje je Bog postojao kao svjetlo sa zvonkim glasom, postoje odvojena mjesta za Oca, Sina i Duha Svetoga kako bi boravili i odmarali odvojeno. Na prostoru Božjeg iskonskog prijestolja sa samoga početka vremena postoji mjesto za odmor, mjesto za razgovor kao i puteljci za šetnje.

Samo je posebnim anđelima i onima čija su srca nalik Božjem srcu dozvoljen pristup na ovo mjesto. To je mjesto odvojeno, tajanstveno i sigurno. Nadalje, to mjesto na kojem se nalazi prijestolje Trojedinog Boga nalazi se na prostoru na kojem je Bog prebivao sam na samom početku i to je na četvrtom nebu, odvojeno od Novog Jeruzalema koji je na trećem nebu.

3. Janjetova Zaručnica

Bog želi da svi ljudi nalikuju njegovom srcu i da uđu u Novi Jeruzalem. Međutim, pokazao je svoje milosrđe prema onima koji još nisu postigli ovu razinu posvećenja kroz ljudski život. Podijelio je nebesko kraljevstvo na mnoga različita prebivališta od Raja do Prvog, Drugog i Trećeg Kraljevstva nebeskog te nagrađuje svoju djecu u skladu s onime što su učinila.

Bog daje Novi Jeruzalem svojoj pravoj djeci koja su u potpunosti posvećena i koja su bila vjerna u svoj njegovoj kući. Izgradio je Novi Jeruzalem kao spomen na Jeruzalem, mjesto na kojem je utemeljeno evanđelje i kao novu posudu koja će sačinjavati sve onima koji su ispunili zakon ljubavi.

U Otkrivenju 21,1 možemo čitati da je Bog opremio Novi Jeruzalem tako divno da je Ivana podsjetio na zaručnicu koja se veličanstveno nakitila za svog muža:

„I opazih kako Sveti grad – novi Jeruzalem – silazi od Boga s neba, opremljen poput zaručnice koja je nakićena za svog muža."

Novi Jeruzalem je poput predivno nakićene zaručnice

Bog priprema divno prebivalište na nebu za Gospodinove zaručnice koje se pripremaju da budu lijepe kako bi primile svog duhovnog zaručnika Gospodina Isusa kroz obrezanje svojih srdaca. Najdivnije mjesto među tim vječnim prebivalištima je grad Novi Jeruzalem.

Zato Otkrivenje 21,9 opisuje grad Novi Jeruzalem koji je

najdivnije nakićena zaručnica kao „*Zaručnicu, ženu Janjetovu.*" Kako će zanosan biti Novi Jeruzalem budući da je to najbolji dar koji je sam Bog pripremio za zaručnice. Ljudi će biti tako silno dotaknuti kada uđu u svoje dodijeljene kuće izgrađene i održavane Božjom ljubavlju i nježnom i detaljnom brigom. To je zato što Bog svaku kuću savršeno prilagođuje ukusu njezina vlasnika.

Zaručnica služi svoga muža i pruža mu mjesto odmora. U istom smislu, kuće u Novom Jeruzalemu služe i primaju Gospodinove zaručnice. Mjesto je tako udobno i sigurno da su ljudi ispunjeni srećom i radošću.

U ovom svijetu, bez obzira koliko dobro žena služila svom mužu, ne može mu pružiti savršeni mir i radost. Međutim, kuće u Novom Jeruzalemu mogu pružiti mir i radost kakve ljudi ne mogu iskusiti na ovom svijetu zato što su izrađene kako bi savršeno odgovarale vlasnikovom ukusu. Kuće su predivno i veličanstveno sagrađene tako da odgovaraju vlasnikovom ukusu jer su za ljude čija su srca nalik Božjem srcu. Kako će samo predivne i sjajne biti kada je sam Bog glavni graditelj.

Ako zaista vjerujete u nebo, sretni ste kada pomislite na tolike anđele koji grade nebeske kuće od zlata i dragog kamenja prema Božjem zakonu koji nagrađuje svakog pojedinca na temelju onoga što je učinio.

Možete li zamisliti koliko će radosniji i sretniji biti život u Novom Jeruzalemu u kojem ste služeni i prihvaćeni kao što zaručnica služi i prihvaća svog muža!?

Uređenje nebeskih kuća (stanova) ovisi o nečijim djelima

Izgradnja nebeskih stanova započela je nakon uskrsnuća i uzašašća našeg Gospodina na nebo te se one i danas grade na temelju naših djela. Tako su dovršene kuće onih čiji je život na zemlji završio, dok se drugima postavljaju temelji, trećima su uzdignuti i stupovi, a na nekim kućama radovi su pri kraju. Kada se izgrade sve nebeske kuće (stanovi) vjernika, Gospodin Isus će ne vratiti na zemlju, ali ovoga puta na oblaku:

„*U kući Oca moga ima mnogo stanova. Kad ne bi bilo tako, zar bih vam rekao: 'Idem da vam pripravim mjesto!' Kada odem te vam pripravim mjesto, vratit ću se da vas uzmem k sebi i da vi budete gdje sam ja.*"

O vječnim stanovima spašenih ljudi odlučivat će se na Sudnji dan pred bijelim prijestoljem.

Kada vlasnici uđu u svoje stanove nakon što se vječna prebivališta odrede prema mjeri vjere svakoga pojedinca, stanovi će biti u punom sjaju. To je zato što su, jednom kada vlasnik uđe u svoju kuću, vlasnik i njegov stan u savršenom skladu, baš kao što muž i žena postaju jedno nakon stupanja u brak.

Kako li će samo Novi Jeruzalem biti ispunjen Božjom slavom budući da se u njemu nalazi Božje prijestolje te se u njemu grade mnoge kuće za istinsku Božju djecu koja će uživati u vječnoj ljubavi prema njemu.

4. Sjajan poput dragog kamena i bistar poput Kristala

Vođen Duhom Svetim apostol Ivan bio je zadivljen kada je vidio Sveti grad Novi Jeruzalem i sve što je mogao je priznati sljedeće:

„I prenese me – u duhu – na neku veliku i visoku goru te mi pokaza Sveti grad, Jeruzalem, gdje silazi od Boga s neba sa slavom Božjom u sebi. Njegov sjaj bijaše sličan dragom kamenu, prozirnom kamenu jaspisu" (Otkrivenje 21,10-11).

Ivan je dao slavu Bogu dok je gledao veličanstveni Novi Jeruzalem s vrha visoke gore gdje ga je prenio Duh Sveti.

Novi Jeruzalem sjaji Božjom slavom

Što znači da je sjaj Novog Jeruzalema koji odražava Božju slavu „sličan dragom kamenu, prozirnom kamenu jaspisu"? Postoje mnoge vrste dragog kamenja čija imena ovise o njihovom sastavu i boji. Da bi ga se smatralo dragocjenim, kamen mora imati predivnu boju. Od tuda dolazi izraz „poput dragocjenog kamena" koji ukazuje na savršenstvo ljepote. Apostol Ivan je usporedio svjetlo Novog Jeruzalema sa sjajem dragog kamenja koje su ljudi smatrali izuzetno lijepim i dragocjenim.

Nadalje, Novi Jeruzalem ima ogromne i veličanstvene kuće te je ukrašen nebeskim draguljima koji sjaje žarkim svjetlom i možete raspoznati koliko je divan taj sjaj čak i ako gledate grad izdaleka. Plavkasto bijela svjetla, koja blistaju mnogim bojama, kao da obuhvaćaju Novi Jeruzalem. Kako li će impresivan i zanosan biti taj prizor?!

Otkrivenje 21,18 nam govori da su zidovi Novog Jeruzalema od jaspisa. Za razliku od neprozirnog jaspisa kojeg nalazimo ovdje na zemlji, jaspis na nebu je plavkaste boje te je tako divan i proziran da vam se, kada ga pogledate, čini kao da gledate u kristalno čistu vodu. Gotovo je nemoguće izraziti ljepotu te boje koristeći se ovozemaljskim opisima. Možda se može usporediti sa sjajnim plavim svjetlom koje se odražava na morskim valovima. Nadalje, njegovu boju možemo opisati jedino kao prozirnu, plavkastu i bijelu. Jaspis predstavlja Božju eleganciju i jasnoću te njegovu pravednost koja je bez mrlje, čista i poštena.

Postoje mnoge vrste kristala, a ako govorimo o nebeskim pojmovima to se odnosi na bezbojan, proziran i tvrd kamen koji je čist poput čiste vode. Čisti i prozirni kristali su od davnine u širokoj upotrebi kao dekorativni predmeti ne samo zato što su prozirni, već i zato što divno odražavaju i lome svjetlost.

Kristal, iako nije jako skup, izvanredno odražava svjetlost koja onda nalikuje duginim bojama. Štoviše, Bog je na nebeske kristale stavio sjaj svoje slave te se oni ne mogu uopće usporediti s onima koje pronalazimo tu na zemlji. Apostol Ivan pokušava opisati ljepotu, bistrinu i sjaj Novog Jeruzalema uspoređujući ga s kristalom.

Sveti grad Novi Jeruzalem ispunjen je čudesnom Božjom slavom. Kako će veličanstven, lijep i sjajan biti Novi Jeruzalem budući da se u njemu nalazi Božje prijestolje i vrh na kojem je

Nebo II

Bog oblikovao samoga sebe u Trojstvo.

Drugo poglavlje

Imena dvanaest plemena i dvanaest apostola

1. Dvanaest anđela čuvaju vrata
2. Imena dvanaest Izraelovih plemena upisana na dvanaestorim vratima
3. Imena dvanaest apostola upisana na dvanaest temelja

„Imao je velike, visoke zidine s dvanaesterim vratima, a na vratima dvanaest anđela i napisana imena: imena dvanaest plemena Izraelovih sinova. Od istoka troja vrata, od sjevera troja vrata, od juga troja vrata, od zapada troja vrata. Gradske su zidine imale dvanaest temelja i na njima dvanaest imena, dvanaest Janjetovih apostola."

- Otkrivenje 21,12-14 -

Novi Jeruzalem okružen je zidovima koji bliješte sjajnim i bljeÅ¡tavim svjetlom. Svi će ostati u čudu pri pogledu na veličinu, veličanstvo, ljepotu i slavu tih zidina. Grad ima oblik kocke i troja vrata sa svake strane: istoka, zapada, sjevera i juga. Ukupno ima dvanaestora vrata i nezamislivo je masivan. Ugledan i dostojanstven anđeo čuva svaka vrata i na njima su upisana imena dvanaest plemena.

Također, oko zidova Novog Jeruzalema nalaze se dvanaest temelja na kojima stoji dvanaest stupova i tu su zapisana imena dvanaest apostola. Sve u Novom Jeruzalemu napravljeno je na temelju broja 12, broja koji označava svjetlo. To je zato da bi svi lakše razumjeli kako je Novi Jeruzalem mjesto za djecu svjetla čija srca nalikuju srcu njihovog Boga koji je sâm svjetlo.

Sagledajmo sada razlog zašto dvanaest anđela čuva dvanaest vrata u Novom Jeruzalemu i imena dvanaest plemena i dvanaest apostola koja su zapisana u gradu.

1. Dvanaest anđela čuvaju vrata

U drevnim vremenima mnogi vojnici i stražari su držali stražu na vratima dvoraca u kojima je živio kralj ili drugi visoki dostojanstvenici. Ta mjera opreza bila je nužna kako bi se zdanje zaštitilo od napada neprijatelja ili uljeza. No, dvanaest anđela stražari na vratima Novog Jeruzalema iako nitko ne može samo tako ući u grad jer se u njemu nalazi Božje prijestolje. Zašto se onda oni nalaze na vratima?

Kako bi odražavali bogatstvo, autoritet i slavu

Novi Jeruzalem je ogroman i veličanstven te iznad svega što si mi možemo zamisliti. Veliki Zabranjeni grad u Kini u kojem su nekada živjeli carevi jer veličine pojedinačne kuće u Novom Jeruzalemu. Čak i veličina Kineskog zida, jednog od sedam svjetskim čuda antičkog svijeta ne može se usporediti s Novim Jeruzalemom.

Prvi razlog zašto se na vratima Novog Jeruzalema nalaze dvanaest anđela kako bi simbolizirali bogatstvo, čast, autoritet i slavu. Čak i danas moćni ili bogati ljudi imaju svoje privatne stražare oko svojih kuća što ukazuje na bogatstvo i autoritet stanara.

Stoga je očito da anđeli na višim položajima čuvaju vrata Novog Jeruzalema u kojem se nalazi prijestolje Božje. Osoba može osjetiti autoritet Boga i stanovnika Novog Jeruzalema na temelju samo jednog pogleda na tih dvanaest anđela čija prisutnost pridonosi ljepoti i slavi grada.

Kako bi zaštitili prepoznatu Božju djecu

Koji je onda drugi razlog zbog kojeg anđeli stražare na vratima Novog Jeruzalema? U Poslanici Hebrejima 1,14 piše: *„Zar nisu svi (anđeli) službujući duhovi koji se običavaju slati da služe onima koji imaju baštiniti spasenje?"* Bog štiti svoju djecu koja žive na zemlji svojim plamtećim očima i šaljući im anđele. Stoga oni koji žive prema Božjoj riječi neće biti optuženi od Sotone, već zaštićeni od kušnji, nevolja, prirodnih i ljudski izazvanih katastrofa, bolesti i nesreća.

Također, postoje nebrojeni anđeli u nebu koji vrše svoje

dužnosti u skladu s Božjim zapovijedima. Među njima su anđeli koji prate, bilježe i izvještavaju Boga o svakom djelu svake osobe bez obzira je li ona vjernik ili ne. Na Sudnji dan Bog će se sjetiti svake pojedine riječi koju je svatko od nas izgovorio i na temelju njih će nam biti dodijeljene nagrade.

Isto tako, svi su anđeli duhovi nad kojima Bog ima kontrolu i očito je da oni štite i brinu se za Božju djecu čak i na nebu. Naravno, na nebu sigurno neće biti nesreće ni opasnosti jer neće biti tame koja pripada neprijatelju, ali njihova je prirodna dužnost da služe svojem Gospodaru. Ta dužnost nije silom nametnuta već je oni vrše dobrovoljno u skladu s poretkom i skladom nebeskih prostora; to je prirodna dužnost dodijeljena anđelima.

Kako bi održali mirni poredak Novog Jeruzalema

Koji je, dakle, treći razlog zašto anđeli stražare na vratima Novog Jeruzalema?

Nebo je savršeni duhovni prostor bez ikakve mane i sve se odvija u savršenom redu. Nema mržnje, svađa niti zapovijedi jer se sve odvija i prema Božjim uputama i nalozima.

Kraljevstvo koje je podijeljeno među sobom će propasti. Isto tako, čak niti Sotonino kraljevstvo ne djeluje samo protiv sebe već prema određenom poretku (Mk 3,22-26). Koliko će onda više kraljevstvo Božje biti utemeljeno na određenom poretku i redu i djelovati na temelju njega.

Primjerice, gozbe u Novom Jeruzalemu odvijaju se prema nekom rasporedu. Spašene duše iz Trećeg, Drugog i Prvog kraljevstva nebeskog te one iz Raja mogu ući u Novi Jeruzalem samo na temelju poziva i prema određenom redu. Tamo će ugađati Bogu i dijeliti radost sa stanovnicima Novog Jeruzalema. Što bi se dogodilo kada bi spašene duše iz Raja, Prvog, Drugog i Trećeg kraljevstva nebeskog mogle slobodno ući u Novi Jeruzalem kada god to požele? Kao što se vrijednost najdragocjenijih predmeta smanjuje s vremenom ako se oni ne održavaju kako treba ili se njima ispravno ne rukuje, tako bi ljepota Novog Jeruzalema bila uništena kada u njemu ne bi postojalo reda. Stoga je za miran poredak u Novom Jeruzalemu potrebno dvanaest vrata i dvanaest anđela koji ih čuvaju. Naravno, ti vjernici koji se nalaze u Trećem kraljevstvu nebeskom ili niže čak i kada ne bi bilo anđela na vratima ne bi mogli slobodno ući u Novi Jeruzalem zbog razlike u slavi. Anđeli su tu da se pobrinu da se taj poredak prikladnije održava.

2. Imena dvanaest Izraelovih plemena upisana na dvanaestorim vratima

Iz kojeg razloga su imena dvanaest Izraelovih plemena upisana na vrata Novog Jeruzalema? Imena dvanaest plemena simboliziraju činjenicu da dvanaestora vrata Novog Jeruzalema potječu od Izraelovih plemena.

Pozadina stvaranja dvanaestorih vrata

Adam i Eva koji su istjerani iz Edenskog vrta zbog svog grijeha neposlušnosti prije nekih 6000 godina rodili su mnoštvo djece tijekom svojeg zemaljskog života. Kada se svijet ispunio grijehom, svi osim Noe i njegove obitelji, pravednika među ljudima toga vremena, kažnjeni su i uništeni u potopu koji je uslijedio.

Zatim je prije otprilike četiri tisuće godina rođen Abraham, i u svoje vrijeme Bog ga je postavio kao praoca vjere i obilno ga blagoslovio. Bog je u Knjizi Postanka 22,17-18 Abrahamu obećao:

„…*svoj ću blagoslov na te izliti i učiniti tvoje potomstvo brojnim poput zvijezda na nebu i pijeska na obali morskoj! A tvoji će potomci osvajati vrata svojih neprijatelja. Budući da si poslušao moju zapovijed, svi će se narodi zemlje blagoslivljati tvojim potomstvom.*"

Vjerni Bog je postavio Jakova, Abrahamova unuka, kao utemeljitelja Izraela te postavio njegovih dvanaest sinova kao temelje naroda. Zatim je prije otprilike dvije tisuće godina Bog poslao Isusa kao potomka iz Judina plemena i otvorio put spasenja za sve ljude.

Na taj način, Bog je stvorio izraelski narod s dvanaest plemena kako bi ispunio blagoslov koji je dao Abrahamu. Nadalje, kako bi simbolično obilježio tu činjenicu, Bog je u Novom Jeruzalemu načinio dvanaest vrata i na njih upisao imena dvanaest Izraelovih plemena.

No, pozabavimo se malo detaljnije Jakovom, praocem Izraela i njegovih dvanaest plemena.

Jakov, praotac Izraela i njegovih dvanaest plemena

Jakov, Abrahamov unuk i Izakov sin, na prevaru je preoteo

pravo prvorodstva od svog brata Ezava te je morao pobjeći k svom ujaku Labanu. Tijekom svog dvadesetogodišnjeg boravka kod Labana, Bog je očistio i promijenio Jakova te je on postao praotac Izraela.

Od Knjige Postanka 29,21 nadalje opisani su Jakovljevi brakovi i rođenje njegovih dvanaest sinova. Jakov je volio Rahelu i obećao Labanu da će mu služiti sedam godina kako bi je dobio za ženu, ali ga je njegov ujak prevario i oženio njezinom sestrom Leom. Jakov je zatim Labanu obećao služiti još sedam godina kako bi se mogao oženiti Rahelom. Jakov se naposljetku oženio Rahelom i volio ju je više od Lee.

Bog se smilovao Lei koju muž nije volio i otvorio njezinu utrobu. Lea je rodila Rubena, Šimuna, Levija i Judu. Rahela je bila voljena, ali dugo nije mogla začeti i roditi sinove. Postala je ljubomorna na svoju sestru Leu i zato je dala svoju sluškinju Bilhu svome mužu kao ženu. Bilha je rodila Dana i Naftalija.

Kada Lea više nije mogla začeti, dala je Jakovu za ženu svoju sluškinju Zilpu i Zilpa je rodila Dana i Ašera.

Kasnije se Lea dogovorila s Rahelom da spava s Jakovom u zamjenu za ljubavčice koje je Ruben donio s polja svojoj majci. Rodila je Jisakara, Zebuluna i kćer Dinu. Zatim se Bog sjetio Rahele koja je bila neplodna i otvorio joj utrobu te je ona rodila sina Josipa. Nakon Josipova rođenja Jakov je primio Božju zapovijed da prijeđe potok Jabok i vrati se u svoj zavičaj sa svoje dvije žene i jedanaest sinova.

Jakov je kroz dva desetljeća prolazio kroz mnoge testove i kušnje u kući svog ujaka Labana. Nakon toga se ponizio i molio sve dok nije iščašio kuk pored potoka Jaboka na putu kući. Tada je primio novo ime Izrael (Post 32,28). Izrael se također izmirio sa svojim bratom i nastanio se Kanaanu. Primio je blagoslov postavši praocem Izraela i dobio posljednjeg sina Benjamina kojeg mu je rodila Rahela.

Dvanaest Izraelovih plemena, izabrani Božji narod

Josipa, kojega je njegov otac Izrael volio najviše od svih svojih sinova, njegova ljubomorna braća su prodala u Egipat kada je imao sedmnaest godina. Ali zahvaljujući Božjoj providnosti, u dobi od trideset i jedne godine Josip je postao premijerom Egipta. Znajući da dolazi teška glad u kanaansku zemlju Bog je prvo poslao Josipa u Egipat, a zatim se cijela njegova obitelj doselila tamo te su se tako razmnožili da je od njih nastao cijeli narod.

U Knjizi Postanka 49,3-28 Izrael blagoslivlja svojih dvanaest sinova netom prije svoje smrti te od njih nastaje dvanaest izraelskih plemena:

„*Ti Rubene, moj prvorođenče, snaga ti si moja, prvenac moje muškosti...*" (3. redak)
„*Šimun i Levi braća su prava!*
Mačevi im oruđe nasilja." (5. redak)
„*Juda, tvoja braća slavit će te...*" (8. redak)
„*Zebulun će stanovati uz obalu morsku...*" (13. redak)
„*Jisakar je koščat magarac polegao među ogradama.*"
(14. redak)
„*Dan će narod svoj suditi kao svako pleme Izraelovo.*"
(16. redak)
„*Gada će pljačkati razbojnici,*
pljačkom će im za petama biti." (19. redak)

„U Ašera bit će hrane, poslastica za kraljeve."
(20. redak)
„Naftali je košuta lakonoga koja krasnu lanad mladi."
(21. redak)
„Josip je stablo plodno, plodno stablo kraj izvora..."
(22. redak)
„Benjamin je vuk grabežljivi..." (27. redak)

Svi oni predstavljaju dvanaest Izraelovih plemena i to su riječi koje im je uputio njihov otac kada ih je blagoslivljao, dajući svakome od njih prikladan blagoslov. Blagoslovi su bili drukčiji jer je svaki sin (pleme) imao drukčije karakteristike, osobnosti, djela i prirodu.

Bog je kroz Mojsija dao Zakon za dvanaest Izraelovih plemena koja su izašla iz Egipta te ih poveo u kanaansku zemlju u kojoj teče med i mlijeko. U Ponovljenom zakonu 33,5-25 vidimo Mosija kako pred svoju smrt blagoslivlja izraelski narod:

„Nek živi Ruben i nikad ne izumre,
nek živi šačica njegovih!" (6. redak)
„... Uslišaj, Jahve,
glas Judin i privedi ga k njegovu narodu..." (7. redak)
„Daj Leviju tvoje Urime
i tvoje Tumine čovjeku milosti tvoje..." (8. redak)
„O Benjaminu reče:
Jahvin je on ljubimac i miru on počiva." (12. redak)
„O Josipu reče: Zemlju mu Jahve blagoslovio;
njegove je najbolje od onoga što daje rosa nebeska
i što se u bezdanima dolje krije." (13. redak)

*„... Takva su mnoštva Efrajimova,
takve su tisuće Manašeove." (17. redak)
„O Zebulunu reče: Bio sretan Zebulune,
u pohodima i ti Jisakare, u šatorima svojim." (18. redak)
„O Gadu reče:
Nek je blagoslovljen tko Gada raširi..." (20. redak)
„O Danu reče:
Dan je lavić što skače iz Bašana." (22. redak)
„O Naftaliju reče: Naftali, milostima nasićen,
Jahvinim ispunjen blagoslovom..." (23. redak)
„Blagoslovljen bio Ašer među sinovima.
Nek miljenik bude među braćom svojom..." (24. redak)*

Levi je, među Izraelovim sinovima, bio isključen iz dvanaest plemena kako bi postali svećenstvo koje pripada Bogu. Umjesto toga, Josipova dva sina Manaše i Efrajim su tvorili dva plemena koja su zauzela mjesto Levita.

Imena dvanaest plemena upisana na dvanaest vrata

Kako ćemo onda mi, koji nismo članovi tih dvanaest plemena niti izravni Abrahamovi potomci, biti spašeni i proći kroz vrata na kojima su zapisana imena dvanaest plemena?

Odgovor možemo pronaći u Otkrivenju 7,4-8:

„Tada čuh broj zabilježenih pečatom: sto četrdeset i četiri tisuće iz svih plemena Izraelovih sinova. Iz plemena Judina dvanaest tisuća; iz plemena Rubenova dvanaest tisuća; iz plemena Gadova

dvanaest tisuća; iz plemena Aserova dvanaest tisuća; iz plemena Neftalijeva dvanaest tisuća; iz plemena Manasejeva dvanaest tisuća; iz plemena Simeonova dvanaest tisuća; iz plemena Levijeva dvanaest tisuća; iz plemena Isakarova dvanaest tisuća; iz plemena Zabulonova dvanaest tisuća; iz plemena Josipova dvanaest tisuća; iz plemena Benjaminova dvanaest tisuća zabilježenih."

U ovim redcima ime Judinog plemena je na prvom mjestu, a slijedi ga Rubenovo pleme što se razlikuje od redoslijeda u Knjizi Postanka i Ponovljenom zakonu. Također izbrisano je ime Danova plemena, a dodano Manašeovo.
Tako je zabilježen ozbiljan grijeh Danova plemena opisan u 1 Kralj 12,28-31.:

„Pošto se kralj posavjetovao, načini dva zlatna teleta i reče narodu: 'Dosta ste uzlazili u Jeruzalem! Evo, Izraele tvoga boga koji te izveo iz zemlje egipatske.' Zatim postavi jedno tele u Betelu, a drugo smjesti u Dan. To je bila prigoda za grijeh: narod je odlazio jednome u Betel i drugom u Dan. I podiže Jeroboam hram na uzvišicama i postavi iz puka svećenike koje nisu bili sinovi Levijevi."

Jakov, otac Izraelaca, već je zapečatio Efrajima i Manašea kao svoje. Tako u Otkrivenju u Novom zavjetu umjesto Danovog imena nailazimo na Manašeovo.
Činjenica da je među dvanaest Izrelovih plemena zabilježeno

Imena dvanaest plemena i dvanaest apostola

Manašeovo pleme, iako on nije bio jedan od dvanaest vođa Izraela, ukazuje da će pogani zauzeti mjesto Izraelaca i spasiti se. Bog je postavio temelje kroz dvanaest Izraelovih plemena. Prije otprilike dvije tisuće godina, otvorio je vrata kako bismo mogli oprati svoje grijehe kroz dragocjenu krv Isusa Krista koja je prolivena na križu te svima omogućila da prime spasenje po vjeri.

Bog je odabrao izraelski narod koji je proizašao iz dvanaest plemena i nazvao ih svojim narodom, ali kako nisu slijedili njegovu volju, evanđelje je predan poganima.

Pogani, divlja maslina koja je pricijepljena, zamijenili su Božji izabrani narod Izraelce. Zato apostol Pavao u Poslanici Rimljanima 2,28-29 kaže: *„Zbilja, nije pravi Židov onaj koji je to izvana, niti je pravo obrezanje ono koje je izvana – na tijelu – već je pravi Židov onaj koji je to u nutrini, a pravo obrezanje ono koje je u srcu – po duhu, a ne po slovu. Njegova hvala ne dolazi od ljudi, već od Boga."*

Ukratko, pogani su zamijenili izraelski narod ostvarujući time Božji plan baš kao što je Danovo pleme izbrisano, a Manašeovo zapisano. Stoga, čak i pogani mogu ući u Novi Jeruzalem kroz dvanaestora vrata sve dok ih za to kvalificira njihova vjera.

Stoga će spasenje primiti ne samo oni koji pripadaju Izraelovim plemenima, već i oni koji postaju Abrahamovi potomci po vjeri. Bog ih više ne smatra poganima već članovima tih dvanaest plemena svoga naroda. Svi narodi spasit će se kroz dvanaestora vrata i to je Božja pravednost.

Na kraju krajeva, dvanaest Izraelovih plemena duhovno predstavljaju svu Božju djecu koja su spašena po vjeri i Bog je zapisao imena dvanaest plemena na vrata Novog Jeruzalema kao simbol toga.

Međutim, kako različite zemlje i različita područja imaju različite karakteristike, slava svakog od dvanaest plemena i vrata se razlikuje.

3. Imena dvanaest apostola upisana na dvanaest temelja

Iz kojeg razloga su, dakle, imena dvanaest apostola upisana na dvanaest temelja Novog Jeruzalema? Kako bismo sagradili građevinu potrebno je postaviti temelje na koje onda idu stupovi. Lako je procijeniti visinu građevine ako pogledate dubinu iskopa za temelje. Temelji su vrlo važni jer moraju podupirati težinu cijele konstrukcije.

Isto tako je postavljeno dvanaest temelja na kojima se nalaze zidovi Novog Jeruzalema i dvanaest stupova među kojima se nalaze vrata. Zatim su postavljena dvanaestora vrata. Dvanaest temelja i dvanaest stupova su tako ogromni da nadilaze naše razumijevanje te ćemo im se posvetiti u poglavlju koje slijedi.

Dvanaest temelja su važniji od dvanaest vrata

Svaka sjena u sebi sadržava bit lika kojeg odražava. Na isti način je Stari zavjet sjena Novog zavjeta jer Stari zavjet svjedoči o Isusu koji treba doći na svijet kao Spasitelj, a Novi zavjet bilježi njegovu službu na zemlji koja ispunja svako proroštvo i ostvaruje spasenje (Heb 10,1).

Bog, koji je postavio temelje naroda kroz dvanaest Izraelovih plemena i dao Mojsiju Zakon, poučio je dvanaest apostola kroz Isusa koji je ispunio Zakon ljubavlju i učinio ih svjedocima Gospodnjima do nakraj zemlje. Tako su dvanaest apostola heroji koji su omogućili ispunjenje starozavjetnog Zakona i gradnju Novog Jeruzalema, ne djelujući poput sjene, već popu biti. Stoga su dvanaest temelja Novog Jeruzalema važniji od dvanaest vrata, a uloga dvanaest apostola važnija od one dvanaest plemena.

Isus i njegovih dvanaest apostola

Isus je Sin Božji koji je došao na ovaj svijet u tijelu, započeo svoju službu u dobi od trideset godina, pozvao svoje učenike i podučio ih. Kada je došlo vrijeme, Isus je dao svojim učenicima vlast da izgone zle duhove i liječe bolesne. Evanđelje po Mateju 10,2-4 spominje imena dvanaest apostola:

> „Ovo su imena dvanaest apostola: prvi Šimun, zvani Petar i njegov brat Andrija; Jakov Zebedejev i brat mu Ivan; Filip i Bartolomej; Toma i Matej, carinik; Jakov Alfejev i Tadej; Šimun Kanaanac i Juda Iskariotski, koji ga izdade."

Kao što im je Isus rekao da čine, oni su propovijedali evanđelje i činili čudesa u Božjoj sili. Svjedočili su o živom Bogu i mnoge duše doveli na put spasenja. Svi osim Jude Iskariotskog koji je bio potaknut Sotonom i završio tako da je izdao Isusa, svjedočili su Isusovom uskrsnuću i uznesenju te iskusili Duha Svetoga kroz žarke molitve.

Zatim su, kako im je Gospodin naložio, primili Duha Svetoga

i silu da postanu svjedoci Gospodinovi u Jeruzalemu, svoj Judeji i Samariji i sve do kraja zemlje.

Matija zamjenjuje Judu Iskariotskog

U Djelima apostolskim 1,15-26 opisan je proces odabira zamjene za Judu Iskariotskog u redovima dvanaest apostola. Molili su se Bogu i bacili kocku. Apostoli su to učinili jer su željeli da bude prema volji Božjoj, bez ljudske intervencije u odluci. Naposljetku su odabrali osobu iz svojih redova koju je podučio sam Isus, čovjeka zvanog Matija.

Razlog zašto je Isus svejedno izabrao Judu Iskariotskog znajući da će ga on na kraju izdati ležu upravo ovdje. Činjenica da je Matija bio novo izabrani ukazuje na to da čak i pogani mogu primiti spasenje. Također ukazuje da današnjim odabranim slugama pripada Matijino mjesto. Od uskrsnuća i uznesenja Isusa Krista, postojali su mnogi sluge Božji koje je odabrao sam Gospodin i svatko tko postane jedan s Gospodinom može biti odabran kao jedan od Gospodinovih apostola kao što je Matija postao apostol.

Sluge Božje koje je odabrao sam Bog poslušne su Božjoj volji i njihov odaziv njemu uvijek je: „Da." Ako Božji sluge nisu poslušni njegovoj volji, oni ne mogu, niti bi se smjeli zvati „Božjim slugama" ili „Božjim odabranim slugama."

Dvanaest apostola, uključujući Matiju, nalikovali su Kristu, postigli su svetost, bili poslušni Gospodinovim učenjima te su u potpunosti ispunili Božju volju. Oni su postali temelj za svjetsku misiju ispunjavajući svoje dužnosti sve dok nisu postali mučenicima.

Imena dvanaest apostola

Oni koji su spašeni vjerom, iako nisu bili ni posvećeni ni vjerni u Božjoj kući, mogu posjetiti Novi Jeruzalem ako ih se pozove, ali ne mogu tamo zauvijek boraviti. Stoga je razlog zašto su imena dvanaest apostola zapisana na temeljima taj da bi nas podsjetio da samo oni koji su posvećeni i vjerni u Božjoj kući tijekom života mogu ući u Novi Jeruzalem.

Dvanaest izraelskih plemena odnose se na svu Božju djecu koja su spašena po vjeri. Oni koji su posvećeni i vjerni u svem svom življenju bit će kvalificirani za ulazak u Novi Jeruzalem. Upravo su zato dvanaest temelja važniji i zato imena dvanaest apostola nisu zapisana na vrata već na temelje.

Zašto je onda Isus odabrao samo dvanaest apostola? U svojoj savršenoj mudrosti, Bog ispunjava svoj plan koji je osmislio prije početka vremena te je sve što čini u skladu s njim. Zato znamo da je odabir upravo dvanaest apostola bio prema Božjem planu.

Bog, koji je stvorio dvanaest plemena u Starom Zavjetu, odabrao je dvanaest apostola upotrijebivši u Novom zavjetu broj dvanaest koji predstavlja svjetlo i savršenstvo te su tako sjena Starog zavjeta i bit Novog zavjeta postale par.

Bog ne mijenja svoje mišljenje i svoj plan koji je jednom stvorio te drži svoju riječ. Stoga moramo vjerovati svemu što je zapisano u njegovoj Riječi Bibliji, pripremiti se kao Gospodinove zaručnice kako bismo ga primili te, poput dvanaest apostola, postići i ostvariti kvalifikacije nužne za ulazak u Novi Jeruzalem.

Isus nam je u Otkrivenju 22,12 rekao: „*Pazi! Dolazim uskoro i sa sobom nosim plaću da svakome platim prema njegovu djelu!*" Kakav bi kršćanski život trebali voditi ako uistinu vjerujete da Isus uskoro dolazi? Ne biste se trebali zadovoljiti samo time da ste primili spasenje po vjeri u Isusa Krista, već biste trebali pokušati odbaciti svoje grijehe i biti vjerni u svojim dužnostima.

Molim u ime Gospodina Isusa Krista da mognete postići vječnu slavu i blagoslove u Novom Jeruzalemu poput praočeva vjere čija su imena upisana na dvanaest vrata i dvanaest temelja.

Treće poglavlje

Veličina Novog Jeruzalema

1. Izmjeren zlatnom trskom
2. Kockasti oblik Novog Jeruzalema

*„Onaj koji je govorio sa mnom držao je
'mjeru' – zlatnu trsku – da izmjeri grad,
njegova vrata i njegove zidine. Grad leži
na četiri ugla: njegova je dužina jednaka
širini. I izmjeri grad trskom; dvanaest
tisuća stadija. Jednaka mu je dužina,
širina i visina. Izmjeri i njegove zidine
stotinu i četiri lakta po ljudskoj,
to jest po anđeoskoj mjeri."*

- Otkrivenje 21,15-17 -

Neki vjernici misle kako će svi koji su spašeni ući u Novi Jeruzalem u kojem se nalazi Božje prijestolje, ili krivo shvaćaju da Novi Jeruzalem predstavlja čitavo nebo. Novi Jeruzalem nije cijelo nebo, već samo dio beskrajnog neba. Samo Božja istinska djeca koja su sveta i posvećena mogu ući u njega. Kako je velika i čudesna veličina Novog Jeruzalema kojeg je Bog pripremio za svoju djecu. Pozabavimo se veličinom i oblikom Novog Jeruzalema i njihovim duhovnim značenjem.

1. Izmjeren zlatnom trskom

Sasvim je prirodno da oni s istinskom vjerom i žarkom nadom u Novi Jeruzalem razmišljaju o njegovoj veličini i obliku. Budući da je to mjesto za Božju djecu koja su posvećena, sveta i Bogu slična, Bog je pripremio Novi Jeruzalem tako predivnim i veličanstvenim.

U Otkrivenju 21,15 možete pročitati o anđelu koji stoji sa zlatnom trskom kako bi izmjerio veličinu vrata i zidova Novog Jeruzalema. Zašto je Jeruzalem stvoren tako da se mjeri zlatnom trskom.

Zlato predstavlja vjeru jer se ne mijenja s vremenom. Zlato zlatne trske predstavlja činjenicu da je Božja mjera točna i da se nikada ne mijenja te da će se sva njegova obećanja ispuniti.

Bog mjeri Novi Jeruzalem zlatnom trskom kako bi točno

izmjerio vjeru svakog pojedinca te mu uzvratio u skladu s onim što je učinio.

Osobine trske koja mjeri vjeru

Razmotrimo sada osobine i duhovno značenje trske kako bismo razumjeli zašto Bog mjeri dimenzije Novog Jeruzalema zlatnom trskom.

Kao prvo, trska ima duboke, jake korijene. Visina joj je od jednog do tri metra i živi u skupinama u mulju močvarnih jezera. Možda se čini kao da joj je korijenje slabo, ali nije je lako iščupati. Na isti način, Božja djeca bi trebala biti čvrsto ukorijenjena u vjeri i stajati kao stijena istine. Samo ako imate čvrstu vjeru koja se neće pokolebati bez obzira na okolnosti, moći ćete ući u Novi Jeruzalem čije su dimenzije izmjerene zlatnom trskom.

Upravo je iz tog razloga apostol Pavao molio za vjernike u Efezu: „...*da Krist stanuje u vašim srcima po vjeri; da u ljubavi uvriježeni i utemeljeni budete sposobni shvatiti zajedno sa svim svetima koja je tu širina, duljina, visina i dubina"* (Ef 3,17-18).

Kao drugo, trska ima jako meke rubove. Budući da je Isus imao meko i krotko srce nije vikao i ni dizao glas. Čak ni kada su ga kritizirali i progonili, Isus se nije upuštao u rasprave, već bi se povlačio.

Stoga oni koji se nadaju Novom Jeruzalemu trebaju imati meko i krotko srce poput Isusovog. Ako se osjećate neugodno kada drugi ukazuju na vaše pogreške ili vas opominju, znači da je vaše srce još uvijek tvrdo i ponosno. Ako imate srce meko i krotko poput pahulje, te stvari možete prihvatiti s radošću bez osjećaja žaljenja ili nezadovoljstva.

Treće, trska se lako savija na vjetru, ali neće samo tako puknuti. Nakon snažnog tajfuna, visoka stabla ponekad budu iščupana iz korijena, ali trska se obično ne slama ni pod jakim vjetrom jer je mekana. Ljudi ovoga svijeta ponekad uspoređuju ženin um i srce s trskom izražavajući time nešto loše, ali Božja usporedba ukazuje na nešto sasvim suprotno. Trska je mekana i možda se čini slabom, ali u sebi ima snagu da ne pukne čak ni pod jakim vjetrom te nosi ljepotu svojih elegantnih bijelih cvjetova.

Budući da trska ima sve te osobine kao što su mekoća, snaga i ljepota, može predstavljati pravednost sigurnog suda. Takve osobine trske mogu se također pripisati državi Izrael. Izrael ima relativno mali teritorij i broj stanovnika te je okružen neprijateljski nastrojenim susjedima. Možda se čini kao slaba zemlja, ali nikada ni pod kakvim okolnostima ne „puca." To je zato što imaju tako snažnu vjeru u Boga, vjeru koja potječe od praočeva vjere, uključujući Abrahama. Iako se čini da bi se u trenutku mogli fizički raspasti na dijelove, vjera Izraelaca u Boga omogućuje im da stoje čvrsto.

Isto tako, kako bismo ušli u Novi Jeruzalem, moramo imati vjeru koja je nepokolebljiva bez obzira na okolnosti, ukorijenivši se poput trske sa snažnim korijenjen u Isusu koji je stijena.

Četvrto, stabljike trske su ravne i glatke te se često koriste za izradu krovova, strijela ili vrhova pera za pisanje. Ravna stabljika također ukazuje na kretanje prema naprijed. Za vjeru se kaže da je živa ako napreduje. Oni koji se razvijaju i napreduju će rasti u svojoj vjeri iz dana u dan te se približavati nebu.

Bog odabire te plemenite posude koje napreduju prema nebu, pročišćava i ih i usavršava kako bi jednoga dana mogle ući u Novi

Jeruzalem. Zato bismo trebali napredovati prema nebu popu lišća koje niče na kraju ravne stabljike.

Peto, kao što su mnogi pjesnici pisali o cvjetovima trske kako bi opisali mirni krajobraz, trska djeluje vrlo meko i predivno, a njezino lišće je graciozno i elegantno. Kao što piše u Drugoj poslanici Korinćanima 2,15: „*Mi smo Bogu ugodan miris među onima koji se spasavaju i među onima koji propadaju...*" Oni koji stoje na stijeni vjere šire Kristov miris. Ljudi takva srca imaju lica koja odaju milost i suosjećanje i drugi kroz njih mogu iskusiti nebo. Zato, kako bi ušli u Novi Jeruzalem, moramo širiti predivni Kristov miris koji je poput mirisa mekih cvjetova trske.

Šesto, listovi trske su tanki, a rubovi su im toliko oštri da mogu vrlo lako prerezati kožu. Isto tako, oni koji vjeruju ne smiju ulaziti u kompromis s grijehom, već postati poput oštrica odbacujući zlo od sebe.

Daniel, koji je bio ministar u Perziji i kojeg je kralj ljubio, stavljen je pred sud i osuđen na smrt u lavljoj jazbini zbog spletke zlih ljudi koji su bili ljubomorni na njega. Bez obzira na to, on se nije odlučio na kompromis, već ostao čvrst u svojoj vjeri. Kao rezultat toga, Bog je poslao svog anđela koji je zatvorio usta lavovima i omogućio Danielu da silno proslavi Boga pred kraljem i ostalima.

Bogu je ugodna takva vrsta vjere kakvu je imao Daniel; vjera u kojoj nema kompromisa sa svijetom. On štiti one koji imaju ovakvu vrstu vjere u svim problemima, poteškoćama i testovima i omogućuje im da ga proslave. Također ih blagoslivlja i čini da budu „*glava, ne rep*" kamo god krenuli (Pnz 28,1-14).

Štoviše, kao što nam govore Mudre izreke 8,13: „*Strah Gospodnji je mržnja na zlo*", ako postoji zlo u vašem srcu, morate ga odbaciti kroz post i molitvu. Samo ako niste u kompromisu s grijehom, već mrzite zlo, bit ćete posvećeni i time se kvalificirati za ulazak Novi Jeruzalem.

Razmotrili smo zašto Bog mjeri Novi Jeruzalem zlatnom trskom sagledavši šest osobina trske. Upotreba zlatne trske omogućuje nam da znamo kako Bog točno i precizno mjeri našu vjeru i nagrađuje nas točno prema onome što smo učinili za svog života te da on ispunjava svoja obećanja.

2. Kockasti oblik Novog Jeruzalema

Bog je u Bibliji specifično zabilježio veličinu Novog Jeruzalema. Otkrivenje 21,16 nam govori da Novi Jeruzalem ima kockasti oblik s 2400 km (12 000 stadija) dužine, širine i visine. Pri pomisli na to, neki se pitaju: „Nećemo li se osjećati kao da smo zarobljeni unutra?" No, Bog je učinio unutrašnjost Novog Jeruzalema tako udobnom i ugodnom. Također, unutrašnjost Novog Jeruzalema ne može se vidjeti izvana, ali ljudi unutar Novog Jeruzalema mogu vidjeti van. Drugim riječima, nema razloga da se osjećamo neudobno ili zatvoreno unutar zidina.

Jednake širine, duljine i visine

Zašto je Bog stvorio Novi Jeruzalem kockasta oblika. Jednaka širina, duljina i visina predstavljaju red, točnost, pravdu i pravednost Novog Jeruzalema. Bog je u potpunoj kontroli svega tako da se nebrojene zvijezde, mjesec, sunce, sunčev sustav i ostatak svemira kreću precizno i točno bez imalo odmaka. Slično tome, Bog je stvorio Novi Jeruzalem kockastog oblika kako bi pokazao kako kontrolira svijet i povijest i drži ih u redu te da sve odvija s potpunom preciznošću.

Novi Jeruzalem ima jednaku širinu, duljinu i visinu te dvanaest vrata i dvanaest temelja, tri sa svake strane. To simbolizira da će pravedno primijeniti pravila prema onima koji imaju kvalifikacije da uđu u Novi Jeruzalem, bez obzira gdje oni živjeli na zemlji. Naime, ljudi koji zadovoljavaju uvjete ne temelju mjerenja zlatnom trskom, ući će u Novi Jeruzalem bez obzira na spol, dob ili rasu.

Tome je tako jer Bog, čiji je karakter pravedan i ispravan, sudi pravedno te s preciznošću i točnošću mjeri je li netko zadovoljio uvjete za ulazak u Novi Jeruzalem. Nadalje, grad leži na četiri ugla: sjever, jug, istok i zapad. Bog je stvorio Novi Jeruzalem i zove svoju savršenu djecu koja su spašena vjerom među svim narodima sa svih strana svijeta.

Otkrivenje 21,16 kaže: *„Grad leži na četiri ugla: njegova je dužina jednaka širini. I izmjeri grad trskom; dvanaest tisuća stadija. Jednaka mu je dužina, širina i visina."* Dvanaest tisuća stadija, grčkih mjernih jedinica jednako je 2400 kilometara. Dakle, kockasti oblik Novog Jeruzalema ima 2400 km u širinu, dužinu i visinu.

Također, u Otkrivenju 21,17 piše: *„Izmjeri i njegove zidine: stotinu i četiri lakata po ljudskoj, to jest anđeoskoj mjeri."*
Zidovi Novog Jeruzalema široki su stotinu i četiri lakata što u metričkom sustavu iznosi 65 metara. Kako je sam grad ogroman, njegovi su zidovi isto tako jako debeli.

Četvrto poglavlje

Načinjen od čistog zlata i dragulja svih boja

1. Ukrašen čistim zlatom i svakovrsnim draguljima
2. Zidovi Novog Jeruzalema sagrađeni od jaspisa
3. Od čistog zlata kao čisto staklo

„Zidine su sagrađene od jaspisa,
a grad od čistog zlata,
kao čisto staklo."
- Otkrivenje 21,18 -

Zamislite da imate bogatstvo i vlast da sagradite kuću u kojoj ćete vi i vaša obitelj živjeti kroz čitavu vječnost. Kako biste ju dizajnirali? Koje materijale biste upotrijebili? Bez obzira na cijenu i potrebnu radnu snagu da bi se sagradila, vjerojatno biste željeli da kuća bude najljepša i najugodnija što može biti.

Zar isto tako naš Bog Otac ne bi htio sagraditi i ukrasiti Novi Jeruzalem upotrijebivši najbolje materijale koji postoje na nebu kako bi ondje zauvijek boravio sa svojom djecom? Štoviše, svaki materijal u Novom Jeruzalemu ima drukčije značenje kako bi označio različita vremena koja smo mi pretrpjeli na zemlji, a svaki od njih je veličanstven.

Sasvim je logično da oni koji u svojim srcima očajno čeznu za Novim Jeruzalemom žele znati više o njemu.

Bog poznaje srca tih ljudi te nam je u Bibliji dao različite informacije o Novom Jeruzalemu, uključujući njegovu veličinu, oblik, pa čak i debljinu njegovih zidova.

Od čega je, dakle, sagrađen Novi Jeruzalem?

1. Ukrašen čistim zlatom i svakovrsnim draguljima

Novi Jeruzalem, kojeg je Bog pripremio za svoju djecu načinjen je od čistog zlata koje se nikada ne mijenja i ukrašen svakovrsnim draguljima. Na nebu nema materijala koji se s vremenom mijenjanju kao što to biva na zemlji. Ceste u Novom Jeruzalemu su od čistog zlata, a temelji su od dragog kamenja.

Ako je pijesak na obali rijeke vode života od zlata is srebra, koliko su onda impresivniji materijali od kojih su izgrađene druge građevine.

Novi Jeruzalem: Božje remek djelo

Usporedimo li najslavnije svjetske građevine sa svim njihovim sjajem, vrijednošću, elegancijom i profinjenošću, vidjet ćemo da sve one razlikuju ovisno o materijalu od kojeg su sagrađene. Mramor je mnogo sjajniji, elegantniji i ljepši od pijeska, drva ili betona.

Možete li zamisliti kako bi predivna bila zgrada koja je u cijelosti sagrađena od skupocjenog zlata i dragog kamenja? Štoviše, kako će predivne i fantastične biti građevine u nebu izgrađene od najljepših materijala!?

Zlato i drago kamenje na nebu stvoreno Božjom moći svojom se kvalitetom, bojom i čistoćom jako razlikuju od onih na zemlji. Njihova čistoća i svjetlost koju odražavaju ne mogu se adekvatno izraziti riječima.

Čak i na zemlji od gline se mogu izraditi različite posude. Mogu biti skupocjeni porculan ili jeftino glineno posuđe ovisno o vrsti gline i vještini lončara. Bogu su bile potrebne tisuće godine da izgradi Novi Jeruzalem, njegovo remek djelo ispunjeno veličanstvenom, dragocjenom i savršenom slavom svoga Arhitekta.

Čisto zlato predstavlja vjeru i vječni život

Čisto zlato je stopostotno zlato bez ikakve nečistoće, i ono je jedina stvar na zemlji koja se nikada ne mijenja. Zbog te kvalitete mnoge su ga zemlje koristile kao standard za svoju valutu i određivanje tečaja. Također se koristi za ukrašavanje i u industrijske svrhe. Mnogi ljudi traže i vole čisto zlato.

Bog nam je dao zlato na ovoj zemlji kako bi nam ukazao kako postoje stvari koje se nikada ne mijenjaju i da postoji svijet vječnosti. Stvari ovoga svijeta se istroše i mijenjaju s protokom vremena. Da postoje samo takve stvari, bilo bi nam teško, s našim ograničenim znanjem, shvatiti kako postoji nebo koje je vječno.

Zato na Bog dopušta da spoznamo kako postoje vječne stvari kroz medij zlata koje se nikada ne mijenja. Na nama je da shvatimo da postoji nešto što se nikada ne mijenja te da imamo nadu za nebo koje je vječno. Čisto zlato predstavlja duhovnu vjeru koja se nikada ne mijenja. Zato, ako ste mudri, pokušat ćete zadobiti vjeru koja je poput nepromjenjivog zlata.

Mnoge su stvari u nebu načinjene od čistog zlata. Zamislite kako ćemo biti zahvalni samo gledajući nebo načinjeno od čistog zlata koje smo na ovoj zemlji smatrali nečim najdragocjenijim!

Ipak, oni koji nemaju mudrosti, vrednuju zlato samo kao sredstvo uvećanja vlastitog bogatstva. I u skladu s time, drže se podalje od Boga i ne ljube ga te će naposljetku biti bačeni u vatreno jezero u paklu te bez prestanka žaliti govoreći: „Ne bih sada bio u paklu da sam vjeru smatrao tako dragocjenom poput zlata koje sam skupljao!"

Zato se nadam da ćete biti mudri i zaposjesti nebo nastojeći zadobiti i održati nepromjenjivu vjeru, a ne zlato ovog svijeta koje ćete morati ostaviti za sobom na zemlji kada umrete.

Drago kamenje predstavlja Božju slavu i ljubav

Drago kamenje je čvrsto te ima visok indeks loma svjetlosti. Dragulji imaju i odražavaju predivne boje i sjaj. Budući da ih je malo, mnogi ih smatraju dragocjenima. Bog će zaodjenuti one koji zaposjednu nebo čistim lanom i ukrasiti ih mnogih draguljima kako bi im izrazio svoju ljubav.

Ljudi vole dragulje i pokušavaju se uljepšati stavljajući ih kao nakit. Kako će biti divno kada vam Bog da mnoštvo prekrasnih dragulja na nebu!?

Čovjek se može zapitati: „Što će nam dragulji na nebu?" Dragulji u nebu predstavljaju Božju slavu, i količina dragulja koje netko dobije pokazuje mjeru Božje ljubavi prema toj osobi.

Na nebu postoje nebrojene vrste dragulja raznovrsnih boja. Za dvanaest temelja Novog Jeruzalema tu su: safir prozirne tamno plave boje; smaragd prozirno zelene boje; rubin tamno crvene boje, i krizolit prozirne zeleno-žute boje. Beril je plavozelen te nas podsjeća na bistro more, a topaz je blago narančast. Hrizopraz je polu-prozirne tamnozelene boje, a ametist je jarko ljubičaste ili tamno plave boje.

Osim tih navedenih, postoje mnogobrojni drugi dragulji koji sjaje predivnim bojama kao što su jaspis, sardoniks, hijacint i kalcedon. Svi ti dragulji imaju različita imena i značenje baš kao i dragulji na zemlji. Boje i imena svakog kamena su kombinacija koja ukazuje na dostojanstvo, ponos, vrijednost i slavu.

Baš kao što dragulji na zemlji imaju različite boje i odražavaju svjetlo pod različitim kutovima, dragulji na nebu sjaje različito, a dragulji u Novom Jeruzalemu imaju poseban sjaj te odražavaju svjetlo dvostruko ili trostruko. Sasvim je očito da su ti dragulji ljepši i da se ne mogu usporediti s onima na zemlji jer sam Bog ulaštio rude svojom stvarateljskom moći. Zato je apostol Ivan rekao da je ljepota Novog Jeruzalema popu najdragocjenijeg dragulja. Također, dragulji u Novom Jeruzalemu sjaje mnogo ljepšim sjajem od onih u drugim prebivalištima jer će Božja djeca koja uđu u Novi Jeruzalem imati u potpunosti oblikovana srca i dati Bogu slavu. Tako je i vanjština i unutrašnjost Novog Jeruzalema okićena mnogim predivnim draguljima različitih boja. Ti dragulji nisu dani svima, već kao nagrada prema djelima vjere na zemlji.

2. Zidovi Novog Jeruzalema sagrađeni od jaspisa

Otkrivenje 21,18 nam govori da su zidovi Novog Jeruzalema sagrađeni od jaspisa. Možete li zamisliti kako će sjajni i veličanstveni biti zidovi Novog Jeruzalema sagrađeni od jaspisa?

Jaspis predstavlja duhovnu vjeru

Jaspis kojeg nalazimo na zemlji je obično čvrst i neproziran. Njegova boja varira, od zelene, do crvene i žuto-zelene. Neki su prošarani različitim bojama, a neki imaju točkice. Može se razlikovati bojom i čvrstoćom. Jaspis je relativno jeftin, a neki se kamenčići lako lome, ali nebeski jaspis kojeg je stvorio Bog nikada se ne lomi niti mijenja. Nebeski jaspis je plavkasto-bijele boje i proziran tako da vam se čini da gledate kroz kristalno bistru vodu. Iako se ne može usporediti s ničime na ovoj zemlji, nalik je briljantnom odsjaju sunca na morskim valovima.

Jaspis predstavlja duhovnu vjeru. Vjera je temeljni i najvažniji element potreban za kršćanski život. Bez vjere ne možete primiti spasenje niti ugoditi Bogu. Nadalje, bez vjere koja je ugodna Bogu ne možete ući u Novi Jeruzalem.

Dakle, Novi Jeruzalem je sagrađen vjerom, a dragulj koji odražava boju vjere je jaspis. Zato su zidovi Novog Jeruzalema sagrađeni od jaspisa.

Da nam Biblija kaže: „Zidovi Novog Jeruzalema izgrađeni su od vjere", bi li ljudi to mogli razumjeti? Naravno, ne bismo to mogli razumjeti ljudskim načinom razmišljanja i ljudima bi bilo jako teško uopće zamisliti kako je predivno ukrašen Novi Jeruzalem.

Zidovi izgrađeni od jaspisa jasno odražavaju svjetlo Božje slave i ukrašeni su mnogim uzorcima i dezenima.

Grad Novi Jeruzalem je remek djelo Boga Stvoritelja i mjesto vječnog počinka za najbolje plodove nastale kroz šest tisuća godina povijesti. Kako li će veličanstven, predivan i sjajan biti taj grad!?

Iako su zidovi prozirni, unutrašnjost se ne može vidjeti izvana. Međutim, to ne znači da će se ljudi unutar grada osjećati zatočenima. Stanovnici Novog Jeruzalema mogu vidjeti van i zbog toga im se čini kao da ne postoje zidovi. Kako čudesno će to biti!?

3. Od čistog zlata kao čisto staklo

Zlato ne oksidira na zraku ili u vodi. Ne mijenja se vremenom niti pokazuje ikakve kemijske reakcije na druge tvari. Zlato uvijek zadržava jednak, predivan sjaj. Zlato na zemlji je previše meko pa ga miješamo s drugim tvarima i radimo leguru, ali u nebu ono nije tako meko. Također, zlato, kao i drugi dragulji, na nebu ima drukčiju boju i čvrstoću od onoga na zemlji jer prima sjaj Božje slave.

Čak i na zemlji, elegancija i vrijednost dragulja ovisi o vještini i tehnici draguljara. Kako će predivni i dragocjeni biti dragulji u Novom Jeruzalemu budući da ih oblikuje sam Bog!?

Na nebu ne postoji pohlepa niti želja za predivnim i dobrim stvarima. Na zemlji ljudi vole dragulje zbog njihove raskoši i prazne slave, ali na nebu ljube dragulje zbog njihovog duhovnog značenja te osjećaju ljubav Boga koji je pripremio i ukrasio nebo predivnim draguljima.

Bog je sagradio Novi Jeruzalem od čistog zlata

Zašto je Bog sagradio grad od čistog zlata koji je kao čisto staklo? Kao što je ranije objašnjeno, čisto zlato duhovno predstavlja vjeru, nadu koja se rađa po vjeri, bogatstvo, čast i autoritet. Nada koja se rađa po vjeri znači da možete primiti spasenje, nadati se Novom Jeruzalemu, odbaciti svoje grijehe, težiti posvećenju i radovati se nagradama s nadom zato jer imate vjere.

Zato je Bog sagradio grad od čistog zlata tako da oni koji uđu u njega sa strastvenom nadom zauvijek budu ispunjeni zahvalnošću i srećom.

Otkrivenje 21,18 nam govori da je Novi Jeruzalem kao čisto staklo. To je zato da bi ukazao kakav jasan i bistar prizor pruža Novi Jeruzalem. Zlato na nebu je čisto i prozirno poput stakla; ne nalik neprozirnom zlatu na kojeg nailazimo na zemlji. Novi Jeruzalem je bistar i čist te bez ikakve mrlje jer je sagrađen od čistog zlata. Zato je apostol Ivan primijetio da je Grad kao „čisto zlato, kao čisto staklo."

Pokušajte zamisliti grad Novi Jeruzalem sagrađen od čistog zlata i mnogih vrsta dragulja raznih boja.

Nakon što sam prihvatio Gospodina, zlato i dragulje smatrao sam običnim kamenjem i nikada nisam imao želju posjedovati ih. Bio sam pun nade u nebo i nisam volio stvari ovoga svijeta.

Međutim, kada sam molio da mogu saznati više o nebu, Gospodin mi je rekao: *„U nebu je sve načinjeno od zlata i dragog kamenja. Trebao bi voljeti te stvari."* Nije pritom mislio da bih trebao početi sakupljati zlato i drago kamenje. Trebao sam shvatiti Božju providnost i duhovni značaj dragulja i voljeti ih onako kako ih Bog vidi.

Potičem vas da *duhovno volite* zlato i dragulje. Kada vidite zlato, možete pomisliti: „Trebao bih imati vjeru poput čistog zlata." Kada vidite drago kamenje, možete se nadati nebu govoreći: „Kako će predivna biti moja kuća na nebu!"

Molim u ime Gospodina Isusa Krista da možete zaposjesti nebesku kuću sagrađenu od nepromjenjivog zlata i veličanstvenih dragulja tako što ćete zadržati vjeru čistu poput zlata i trčati prema nebu.

Peto poglavlje

Značenje dvanaest temelja

1. Jaspis: duhovna vjera
2. Safir: čestitost i integritet
3. Kalcedon: nevinost i požrtvovna ljubav
4. Smaragd: pravednost i čistoća
5. Sardoniks: duhovna vjernost
6. Sard: strastvena ljubav
7. Hrizolit: milosrđe
8. Beril: strpljivost
9. Topaz: duhovna dobrota
10. Hrizopraz: samokontrola
11. Hijacint: čistoća i svetost
12. Ametist: ljepota i blagost (nježnost)

„Temelji su gradskih zidina ukrašeni svakovrsnim dragim kamenjem. Prvi je temelj od jaspisa, drugi od safira, treći od kalcedona, četvrti od smaragda, peti od sardoniksa, šesti od sarda, sedmi od hrizolita, osmi od berila, deveti od topaza, deseti od hrizopraza, jedanaesti od hijacinta, dvanaesti od ametista."

- Otkrivenje 21,19-20 -

Apostol Ivan je detaljno pisao o dvanaest temelja. Zašto je Ivan napisao tako detaljan izvještaj o Novom Jeruzalemu? Bog želi da njegova djeca zadobiju vječni život znajući duhovno značenje dvanaest temelja Novog Jeruzalema. Zašto je, dakle, Bog sagradio dvanaest temelja od dvanaest dragulja. Kombinacija dvanaest dragulja predstavlja srce Isusa Krista i Boga, vrhunac ljubavi. Tako, kada razumijete duhovno značenje svakog od dvanaest dragocjenih kamena, možete lako prepoznati koliko vaše srce nalikuje Kristovom i koliko zadovoljavate uvjete za ulazak u Novi Jeruzalem. Proučimo sada dvanaest dragulja i njihovo duhovno značenje.

1. Jaspis: duhovna vjera

Jaspis, prvi temelj zidova Novog Jeruzalema predstavlja duhovnu vjeru. Vjeru možemo općenito podijeliti na „duhovnu vjeru" i „tjelesnu vjeru." Dok je tjelesna vjera ona koja se temelji samo na znanju, duhovna vjera je ona koja je popraćena djelima koja proizlaze iz dubine nečijeg srca. Ono što Bog želi je duhovna, ne tjelesna vjera. Ako nemate duhovnu vjeru, vaša vjera neće biti popraćena djelima te ne možete ugoditi Bogu niti ući u Novi Jeruzalem.

Duhovna vjera je temelj kršćanskog života

Duhovna vjera odnosi se na onu vrstu vjere s kojom u dubini svoga srca možemo vjerovati svemu što piše u Božjoj riječi. Ako imate ovakvu vrstu vjere popraćenu djelima, nastojat ćete se posvetiti i trčati prema Novom Jeruzalemu. Duhovna vjera je najvažniji element kršćanskog života. Bez vjere ne možete biti spašeni, primiti odgovore na svoje molitve ili imati nadu u nebo. Poslanica Hebrejima 11,6 nas podsjeća: „*A bez vjere nemoguće je ugoditi Bogu, jer onaj koji želi pristupiti Bogu mora vjerovati da postoji Bog i da nagrađuje one koji ga traže.*" Ako imate istinsku vjeru, vjerovat ćete u Boga koji vas nagrađuje i onda možete biti vjerni, boriti se s grijehom i odbaciti ga te hodati uskim putem. I bit ćete u stanju sa žarom činiti dobro i ući u Novi Jeruzalem slijedeći Duha Svetoga.

Tako je vjera temelj kršćanskog života. Kao što građevina ne može biti sigurna bez čvrstog temelja, ne možete živjeti odgovarajući kršćanski život bez vjere. Zato u Judinoj poslanici, 20. do 21. redak piše: „*Vi se, ljubljeni, naprotiv uzdižite na temelju svoje presvete vjere; molite se uz suradnju Duha Svetoga! Očuvajte sami sebe u ljubavi Božjoj, očekujući milosrđe našega Gospodina, Isusa Krista, za vječni život.*"

Abraham, otac vjere

Najbolji biblijski primjer nepromjenjive vjere u Božju riječ i djelovanja na temelju te vjere kroz potpunu poslušnost je Abraham. On je nazvan ocem vjere jer je pokazao savršena djela nepromjenjive vjere.

Kada mu je bilo 75 godina, od Boga je primio riječ o velikim blagoslovima. Bilo je to obećanje da će Bog kroz njega stvoriti veliki narod i da će on biti izvor blagoslova. Abraham je povjerovao toj riječi i napustio svoj rodni grad, ali sljedećih dvadeset godina

nije mogao imati sina koji je trebao biti njegov nasljednik.
Prošlo je toliko vremena da su i Abraham i njegova žena Sara postali prestari da bi mogli imati djece. U Poslanici Rimljanima 4,19-20 nam piše da, čak i u toj situaciji: „ ... *nije oklijevao nevjerom.*" Jačao je u vjeri i u potpunosti vjerovao Božjem obećanju tako da je u dobi od 100 godina dobio svog sina Izaka.

Ali postoji još jedna situacija u kojoj je Abrahamova vjera još jače zasjala. Bilo je to kada mu je Bog zapovjedio da prinese svoga sina Izaka kao žrtvu. Abraham nije sumnjao u Božju riječ i to da mu je Bog rekao kako će mu dati mnogobrojne potomke kroz Izaka. Budući da je imao čvrstu vjeru u Božju riječ, vjerovao je da će Bog oživiti Izaka, čak i ako ga prinese kao žrtvu paljenicu.

Zato je odmah poslušao Božju zapovijed. Abraham je kroz to postao više nego kvalificiran da postane otac vjere. Također, od Abrahamovih potomaka nastao je izraelski narod. Znači da je plod njegove vjere obilno rodio i u tijelu.

Budući da je vjerovao Bogu i njegovog riječi, poslušao je što mu je rečeno. To je primjer duhovne vjere.

Petar je primio ključeve kraljevstva nebeskog

Promotrimo osobu koja je imala ovakvu vrstu duhovne vjere. Kakvu je vrstu vjere imao apostol Petar da je njegovo ime upisano u temelje Novog Jeruzalema? Znamo da je Petar bio poslušan Isusu čak i prije no što je postao učenikom. Bilo je to kada mu je Isus rekao da baci mreže i on ga je odmah poslušao (Lk 5,3-6). Također, kada mu je Isus rekao da dovede magaricu i njezino magare, on je poslušao u vjeri (Mt 21,1-7). Petar je poslušao kada mu je Isus rekao da ode na jezero, uhvati ribu i izvadi novac iz nje (Mt 17,27). Štoviše, hodao je po vodi poput Isusa, iako samo na trenutak. Možete si predočiti kako je Petar imao veliku vjeru.

Kao rezultat toga, Isus je proglasio njegovu vjeru pravednom i dao mu ključeve kraljevstva nebeskog tako da, što god sveže na zemlji, bude svezano na nebu i što god otpusti na zemlji, bude otpušeno na nebu (Mt 16,19). Petar je zadobio još savršeniju vjeru nakon što je primio Duha Svetoga te je hrabro svjedočio o Isusu Kristu i posvetio se kraljevstvu Božjem do kraja svog života kada je postao mučenikom.

Trebamo napredovati prema nebu kao što je to Petar činio, dati slavu Bogu i zauzeti Novi Jeruzalem s vjerom koja mu je ugodna.

2. Safir: čestitost i integritet

Safir, drugi temelj zidova Novog Jeruzalema, prozirne je tamno plave boje. Koje je duhovno značenje safira? On predstavlja čestitost i integritet same istine, koja stoji čvrsto naspram kušnji i prijetnji ovoga svijeta. Safir je kamen koji predstavlja svjetlo istine koja se ne mijenja i čestitog srca koja smatra Božju volju ispravnom.

Daniel i njegova tri prijatelja

Dobar primjer duhovne čestitosti i integriteta u Bibliji daju nam Daniel i njegova tri prijatelja; Šadrak, Mešak i Abed Nego. Daniel nije ulazio u kompromis ni sa čime što nije bilo u skladu s Božjom pravednošću čak i kada je to bila kraljeva naredba. Daniel se čvrsto držao svoje pravednosti pred Bogom sve dok ga nisu bacili u lavlju jazbinu. Bog je bio tako zadovoljan čvrstoćom Danielove vjere da ga je zaštitio poslavši anđela da zatvori usta lavovima i omogućio mu da silno proslavi Boga.

U Knjizi proroka Daniela 3,16-18 čitamo kako su Danielova tri prijatelja također bili čvrsti u vjeri i čestita srca dok ih, kao rezultat toga, nisu bacili u užarenu peć. Kako ne bi počinili grijeh idolopoklonstva, hrabro su svjedočili pred kraljem:

> *„Šadrak, Mešak i Abed Nego odgovoriše kralju Nabukodonosoru: 'Ne treba da ti odgovorimo na to. Bog naš, kome služimo, može nas izbaviti iz ruke tvoje, kralju; on će nas i izbaviti. No, ako toga i ne učini, znaj, o kralju; mi nećemo služiti tvojemu bogu niti ćemo se pokloniti kipu što si ga podigao.'"*

Na kraju, iako su ih bacili u užarenu peć sedam puta užareniju nego obično, Danielova tri prijatelja nisu bila čak nimalo opaljena jer je Bog bio s njima. Kako je čudesno da čak ni njihova kosa nije bila opaljena i da se na njima čak nije ni osjetio miris dima! Kralj koji je svjedočio svemu tome, dao je Bogu slavu i promaknuo Danielova tri prijatelja.

Trebamo tražiti u vjeri, bez ikakve sumnje

Jakov nam u svojoj poslanici 1,6-8 govori o tome koliko Bog mrzi podvojeno srce.

"Ali neka ište s vjerom, bez ikakva sumnjanja, jer je čovjek koji sumnja sličan morskom valovlju koje vjetar podiže i tamo-amo goni. Takav čovjek neka ne misli da će što primiti od Gospodina, jer je čovjek s razdijeljenom dušom, nestalan u svim putovima svojim."

Ako imamo podijeljeno srce te čak i malo sumnjamo u Boga, razdijeljeni smo. Oni koji sumnjaju, lako podlegnu kušnjama ovog svijeta jer su nepažljivi i podmukli. Štoviše, oni koji su razdijeljeni, ne mogu vidjeti Božju slavu jer nisu u stanju iskazati svoju vjeru i biti poslušni. Zato nas Biblija u Jakovljevoj poslanici 1,7 podsjeća: *"Takav čovjek neka ne misli da će što primiti od Gospodina..."*

Ubrzo nakon osnivanja moje crkve, moje tri kćeri su umalo umrle od trovanja ugljičnim monoksidom. No ja se nisam uopće brinuo i nisam ih čak ni odvezao u bolnicu jer sam imao potpunu vjeru i svemogućeg Boga. Jednostavno sam kleknuo pred oltarom i zahvalio Bogu. Nakon toga, molio sam u vjeri: „U ime Isusa Krista zapovijedam otrovnom plinu da nestane!" Tada su moje kćeri, koje su bile u nesvijesti, jedna po jedna ustale dok sam molio za njih. Nekoliko vjernika koji su svjedočili tome bili su toliko zadivljeni i puni radosti te su naveliko slavili Boga.

Ako imamo beskompromisnu vjeru i čestita srca koja su ugodna Bogu, možemo bezmjerno proslaviti Boga i živjeti blagoslovljen život u Kristu.

3. Kalcedon: nevinost i požrtvovna ljubav

Kalcedon, treći temelj zidova Novog Jeruzalema, duhovno simbolizira nevinost i požrtvovnu ljubav.

Nevinost je stanje čistoće i neokaljanosti u djelima i srcu u kojem nema nedostatka. Kada je netko u stanju žrtvovati samoga sebe u takvoj čistoći srca, to je sama srž duha kojeg predstavlja kalcedon.

Požrtvovna ljubav je vrsta ljubavi koja nikada ništa ne traži zauzvrat ako daje za pravednost i kraljevstvo Božje. Ako netko ima požrtvovnu ljubav, bit će zadovoljan samom činjenicom da voli druge u svakoj situaciji i ne traži ništa zauzvrat. To je zato što duhovna ljubav ne traži svoju korist već samo korist drugih.

S tjelesnom ljubavlju se čovjek samo osjeća prazno, tužno i slomljena srca ako ga ljudi ne vole zauzvrat jer ovakva vrsta ljubavi je u svojoj biti sebična. Stoga, netko tko je ispunjen tjelesnom ljubavlju bez požrtvovnog srca, može na kraju mrziti druge ili postati neprijatelj onima koji su mu nekada bili bliski.

Zato moramo shvatiti da je prava ljubav ona ljubav kojom je Bog volio čovječanstvo i postao žrtva za pomirenje.

Požrtvovna ljubav koja ne traži ništa zauzvrat

Naš Gospodin Isus, koji je sam Bog, učinio je sebe ništavnim i ponizio se došavši na zemlju u tijelu kako bi spasio čovječanstvo. Rodio se u štali i bio položen u jasle kako bi spasio ljude koji su poput životinja te živio životom siromaha kako bi nas spasio od siromaštva. Isus je liječio bolesne, davao snagu slabima, nadu beznadnima i bio prijatelj napuštenima. Pokazao nam je samo dobrotu i ljubav, ali zbog toga je bio izrugivan, bičevan i na kraju razapet. Nosio je na svojoj glavi krunu od trnja koju su mu stavili zli ljudi koji nisu shvatili da je on došao kao naš Spasitelj.

Isus je, čak i dok je trpio boli raspeća, u ljubavi molio Oca za one koji su mu se rugali i razapeli ga. Bio je bez mane i krivnje, ali se žrtvovao za ljude koji su grešnici. Naš je Gospodin iskazao tu požrtvovnu ljubav prema cijelom čovječanstvu te želi da svi volimo jedni druge. Tako i mi, koji smo primili takvu ljubav od Gospodina, ako iskreno volimo druge, ne bismo trebali željeti ili očekivati ništa zauzvrat.

Ruta je pokazala požrtvovnu ljubav

Ruta nije bila Izraelka, već Moapka. Udala se za Noeminog sina koji je došao u Moab kako bi pobjegao od gladi u Izraelu. Noemi je imala dva sina i obojica su se oženili Moapkama. Ali obojica su umrli tamo.

U tim okolnostima, kada je Noemi čula da je glad u Izraelu završila, željela se vratiti natrag. Predložila je svojim snahama da ostanu u Moabu, svojoj domovini. Jedna od njih je prvo odbila, ali se naposljetku ipak vratila svojim roditeljima. Ali Ruta je inzistirala da pođe sa svojom svekrvom.

Da nije imala požrtvovne ljubavi, Ruta to nikada ne bi učinila. Ruta se morala brinuti za svoju svekrvu jer je ona bila jako stara. Osim toga, nastanila se u zemlji koja joj je bila potpuno strana. Tu nije bilo nikakve nagrade za nju, iako je jako dobro služila svojoj svekrvi.

Ruta je iskazala požrtvovnu ljubav prema svojoj svekrvi s kojom nije bila u ni u kakvom krvnom srodstvu i koja joj na taj način bila poput potpunog stranca. Učinila je to zato što je vjerovala u Boga u kojeg je vjerovala njezina svekrva. To znači da njezina požrtvovna ljubav nije proizašla samo iz njezinog osjećaja dužnosti. Bila je to duhovna ljubav koja je došla kroz vjeru u Boga.

Ruta je došla u Izrael sa svojim svekrvom i naporno radila. Tijekom dana je pabirčila po polju kako bi došla do hrane i poslužila je svojoj svekrvi. To djelo čiste dobrote uskoro je postalo poznato tamošnjim ljudima. Naposljetku je Ruta primila mnoge blagoslove kroz Boaza, koji je bio jedan od skrbnika među rođacima njezine svekrve.

Mnogi ljudi misle da će, ako se ponize i žrtvuju, umanjiti svoju vrijednost. Zato to ne mogu učiniti. Ali oni koji se žrtvuju bez ikakvih sebičnih motiva i čista srca, bit će otkriveni pred Bogom i ljudima. Njihova dobrota i ljubav će zasjati poput duhovnog svjetla. Bogu je ugodno to svjetlo požrtvovne ljubavi i sjaj kalcedona, trećeg temeljnog kamena.

4. Smaragd: pravednost i čistoća

Smaragd, četvrti temelj zidova Novog Jeruzalema je zelen i predstavlja ljepotu i nježno zelenilo prirode. Smaragd duhovno simbolizira pravednost i čistoću te predstavlja plod svjetlosti kao što je zapisano u Poslanici Efežanima 5,9: „...*plod se svjetla, naime, sastoji u svakoj vrsti dobrote, pravednosti i istine!*" Boja koja ima sklad svake dobrote, pravednosti i istine je istovjetna duhovnoj boji smaragda. Samo kada imamo dobrotu, pravednost i istinu, možemo imati pravu pravednost u Božjim očima.

To ne može biti samo dobrota bez pravednosti, niti samo pravednost bez dobrote. A dobrota i pravednost moraju biti istinite. Stoga, čak i ako imamo pravednost i dobrotu, one nemaju smisla bez istinitosti.

Pravednost koju Bog prepoznaje uključuje: odbacivanje grijeha, držanje svih Božjih zapovijedi zapisanih u Bibliji, čišćenje samoga sebe od svake nepravednosti, vjernost u svem življenju i tome slično. Ona također podrazumijeva; traženje Božjeg kraljevstva i pravednosti prema Božjoj volji, jasne i disciplinirane postupke, ne odstupanje od pravde, stajanje čvrsto za ispravne stvari i drugo.

Bez obzira koliko krotki i dobri bili, nećemo roditi plod svjetla ako nismo pravedni. Zamislite da neko zgrabi vašeg oca za vrat i počne ga vrijeđati iako je nevin. Ako ne učinite ništa i gledate kako vaš otac pati, ne možemo to nazvati pravom pravednošću u Božjim očima već samo u svojim vlastitim.

Davidova pravednost i čistoća

David je bio drugi izraelski kralj, odmah nakon Šaula. Kada je Šaul bio kralj, Izrael je bio u ratu s Filistejcima. David je ugodio Bogu svojom vjerom i porazio Golijata. Izrael je kroz to zadobio pobjedu.

I kada su ljudi nakon toga zavoljeli Davida, Šaul ga je pokušao ubiti jer je bio ljubomoran. Šaula je Bog već bio napustio zbog njegove arogancije i neposlušnosti. Bog je obećao da će postaviti Davida za kralja umjesto Šaula.

U tim okolnostima, David se prema Šaulu odnosio iskazujući mu dobrotu, pravednost i istinitost. Kako je bio nevin, David je morao bježati pred Šaulom koji ga je dugo vremena pokušavao ubiti. Jednom prilikom David je imao mogućnost ubiti Šaula. Ratnici koji su bili s njim bili su sretni i željeli su ga ubiti, ali David ih je spriječio u toj nakani.

U Prvoj knjizi o Samuelu 24,7 stoji: *„Očuvao me Jahve da takvo što učinim svome gospodaru, da dignem ruku na njega, jer je pomazanik Jahvin."*
Iako je Bog napustio Šaula, David mu nije mogao nauditi jer je bio Božji pomazanik. Budući da je vlast nad time hoće li Šaul živjeti ili umrijeti bila u Božjim rukama, David se nije uzdigao iznad vlasti koja mu je dana. Bog kaže da je takvo Davidovo srce pravedno.

Njegovoj je pravednosti bila pridružena dobrota. Šaul je pokušavao ubiti Davida, no on je poštedio Šaulov život. To je tako velika dobrota. Nije na zlo uzvratio zlim. Ta pravednost i dobrota bile su istinite, što znači da su proizašle iz same istine.

Kada je Šaul saznao da mu je David poštedio život, bio je taknut tom dobrotom i činilo se kao da se predomislio u svojoj nakani da ubije Davida. Ali ubrzo se vratio na staro i ponovo ga je pokušao ubiti. Davidu se još jednom ukazala prilika da ubije Šaula. David je i ovoga puta pokazao istu dobrotu i pravednost te je Bog prihvatio tu postojanost.

Bi li David mogao ranije postati kraljem i ne proći kroz sve patnje da je tada ubio Šaula? Naravno da bi. Čak i ako moramo u stvarnosti proći kroz više poteškoća i patnji, trebali bismo imati srce koje odabire Božju pravednost. A ako nas Bog jednom prepozna kao pravedne, razina Božjeg jamstva bit će drukčija. David nije ubio Šaula svojom rukom. Šaul je poginuo od ruke pogana. A kako mu je Bog pomogao, David je postao kralj Izraela. Nadalje, nakon što je postao kralj, David je mogao imati snažan narod. Temeljni razlog tome bio je da je Bog bio zadovoljan Davidovim čistim i pravednim srcem.

Isto tako, mi moramo biti usklađeni i savršeni u dobroti, pravednosti i istini kako bismo mogli roditi obilan plod svjetla – plod smaragda, četvrtog kamena te širiti miris pravednosti kojim je Bog zadovoljan.

5. Sardoniks: duhovna vjernost

Sardoniks, peti temelj zidova Novog Jeruzalema, duhovno simbolizira vjernost. Ako činimo samo ono što moramo, ne možemo reći da smo vjerni. Možemo reći da smo vjerni kada činimo više od onoga što trebamo. Čineći više od onoga za što smo zaduženi ne možemo biti lijeni. Moramo biti revni i dati sve od sebe u svim našim obavezama i onda učiniti više od toga. Zamislite si da ste zaposlenik. Ako samo dobro odrađujete svoj posao, možemo li reći da ste vjerni? Samo ste učinili ono što ste trebali i ne možemo reći da ste radišni ili vjerni. Trebali biste ne samo obaviti posao koji vam je povjeren, već također pokušati stvari koje vam nisu zadane unoseći u to cijelo svoje srce i um. Tek tada netko može reći da ste vjerni.

Vrsta radišne vjernosti koju Bog prepoznaje podrazumijeva da ispunjavate svoje dužnosti i obveze svim srcem, umom, dušom i životom. I takva vjernost mora se iskazati u svim područjima: crkvi, radnom mjestu i obitelji. Tada možemo reći da ste vjerni u svoj kući Božjoj.

Biti duhovno vjeran

Kako bismo bili duhovno vjerni, moramo prvo imati pravedno srce. Moramo čeznuti za time da se Božje kraljevstvo poveća, da crkva doživi probuđenje i obnovu, da radno mjesto napreduje i da naše obitelji budu sretne. Ako ne tražimo samo svoje, već težimo za dobrom drugih i zajednice, znači da imamo pravedno srce.

Da bismo bili vjerni, uz to da imamo pravedno srce, moramo biti požrtvovni. Ako mislimo: „Najvažnija stvar je moj napredak i prosperitet, a ne raste li crkva ili ne", vjerojatno se nećemo žrtvovati za crkvu. Kod takve osobe nećete naći vjernost. Također, Bog ne može reći da je takvo srce pravedno.

Ako uz tu pravednost također imamo požrtvovno srce, vjerno ćemo raditi na spasenju duša i crkve. Čak i ako nemamo neku posebnu dužnost i obvezu, revno ćemo propovijedati evanđelje. Čak i ako to nitko od nas ne traži, brinut ćemo se za druge duše. Također ćemo žrtvovati svoje slobodno vrijeme kako bi se pobrinuli za duše. Isto tako ćemo potrošiti svoj vlastiti novac za dobrobit drugih duša i iskazati im svu svoju ljubav i vjernost.

Kako bismo bili vjerni u svim područjima, moramo također imati dobrotu srca. Oni koji su dobri u srcu, neće se prikloniti samo jednoj strani. Ako imamo dobrotu srca i nešto zanemarimo, nećemo se osjećati ugodno zbog toga.

Ako imate dobrotu u srcu, bit ćete vjerni u svim svojim dužnostima. Nećete zanemariti neku grupu razmišljajući: „Budući da sam vođa u ovoj grupi, članovi one druge će shvatiti zašto ne mogu prisustvovati sastanku." U svojoj dobroti možete osjetiti da ne biste smjeli zanemariti tu drugu grupu. Tako, čak i ako ne možete prisustvovati, učiniti ćete nešto kako bi pokazali brigu prema toj drugoj grupi.

Veličina i značaj takve vrste stava razlikovat će se u skladu s obimom dobrote u vašem srcu. Ako imate malo dobrote, nećete baš previše mariti za tu drugu grupu. Ali ako imate više dobrote, nećete samo tako ignorirati kada zbog nečega osjećate nelagodu i nemir u srcu. Znate što su dobra djela i, ako ne postižete tu dobrotu, teško vam se nositi s time. Imate ćete mir samo kada činiti dobra djela.

Oni koji u srcu imaju dobrotu, brzo će se osjećati nelagodno ako ne čine ono što bi trebali činiti u određenim okolnostima; bilo da se radi o radnom mjestu ili domu. Čak ne pokušavaju pronaći izgovore govoreći kako situacija nije bilo pogodna.

Primjerice, pretpostavimo da postoji žena u crkvi koja puno služi u raznim službama. Provodi mnogo vremena u crkvi. Relativno govoreći, to znači da provodi manje vremena sa svojim mužem i djecom nego što je prije provodila.

Ako je zaista dobra u srcu i vjerna u svemu, kako se vrijeme provedeno s mužem i djecom smanjuje, mora im pružiti više ljubavi i više brinuti za njih. Mora dati najbolje od sebe u svim područjima i svakom poslu.

Tada će ljudi oko nje moći osjetiti istiniti miris njezinog srca i biti zadovoljni. Budući da osjećaju dobrotu i iskrenu ljubav, pokušat će je razumjeti i pomoći joj. Kao rezultat toga, bit će u miru sa svima. To znači biti vjeran s dobrotom u srcu u svoj kući Božjoj.

Poput Mojsija koji je bio vjeran u svoj kući Božjoj

Mojsije je bio prorok prepoznat od Boga do te mjere da je Bog razgovarao s njim licem u lice. Mojsije je u potpunosti izvršavao sve svoje dužnosti kako bi učinio stvari koje je Bog zapovjedio, ne razmišljajući pritom previše o svojim poteškoćama. Izraelci su se neprestano bunili i prigovarali kada bi se susreli i s najmanjom poteškoćom, čak i nakon što su svjedočili i iskusili Božja čudesa, ali Mojsije ih je i dalje vodio vjerno i u ljubavi. Čak i kada je Bog bio ljut na narod zbog njihovih grijeha, Mojsije se nije okrenuo od njih. Vratio se Bogu i rekao sljedeće:

„Jao! Narod onaj težak je grijeh počinio napravivši sebi boga od zlata. Ipak im taj grijeh oprosti... Ako nećeš, onda i mene izbriši iz svoje knjige koju si napisao" (Izl 32,31-32).

Postio je za narod riskirajući svoj vlastiti život i bio je vjeran više no što je Bog očekivao od njega. Zato je Bog prepoznao Mosija i potvrdio ga rekavši: *„Od svih u kući mojoj, najvjerniji je on"* (Br 12,7).

Nadalje, vjernost koju predstavlja sardoniks znači biti vjeran sve do smrti kao što je zapisano u Otkrivenju 2,10. To je moguće samo ako prvo ljubimo Boga. To podrazumijevanja davanje svog našeg vremena i novca, čak i života te činjenje više od onoga što smo dužni i to svim srcem i umom.

U davnini su postojali vjerni vazali kralja koji su mu pomagali i bili vjerni svojem narodu, čak i ako je to podrazumijevalo žrtvovanje vlastitog života. Ako je kralj bio tiranin, pravi vjerni vazali bi savjetovali kralja da slijedi pravi put, čak i ako je to ponekad značilo da žrtvuju vlastiti život. Mogli su biti protjerani iz zemlje ili pogubljeni, ali bili su vjerni jer su voljeli kralja i narod čak i kada ih je ta ljubav koštala života.

Mi moramo prvo ljubiti Boga kako bismo mogli učiniti više od onoga što se traži od nas – kao što su ti vjerni vazali predali svoje živote za svoj narod; kao što je Mojsije bio vjeran u svoj kući Božjoj kako bi postigao Božje kraljevstvo i pravednost. Tako i mi moramo brzo posvetiti sebe u svim područjima svog života kako bismo ostvarili uvjete za ulazak u Novi Jeruzalem.

6. Sard: strastvena ljubav

Sard ima prozirnu tamno crvenu boju i simbolizira plamteće sunce. On je šesti temelj zidova Novog Jeruzalema i duhovno simbolizira strast, entuzijazam i strastvenu ljubav u izgradnji Božjeg kraljevstva i pravednosti. To je želja srca da vjerno izvršimo dane nam zadatke i obveze sa svom svojom snagom.

Postoje mnoge razine ljubavi i, općenito govoreći, možemo

je podijeliti na duhovnu ljubav i tjelesnu ljubav. Duhovna ljubav nikada se ne mijenja jer dolazi od Boga, ali tjelesna ljubav se lako mijenja prije svega zato što je sebična.

Bez obzira koliko iskrena ljubav svjetovnih ljudi bila, ona nikada ne može biti duhovna ljubav, odnosno Božja ljubav do koje možemo doći samo kroz istinu. Ne možemo imati duhovnu ljubav čim prihvatimo Gospodina i spoznamo istinu. Možemo je zadobiti tek kada izgradimo srce slično Božjem.

Imate li tu duhovnu ljubav? Možete se preispitati na temelju definicije duhovne ljubavi koju možemo naći u Prvoj poslanici Korinćanima 13,4-7.

„Ljubav je strpljiva, ljubav je dobrostiva; ljubav ne zavidi, ne hvasta se, ne oholi se. Nije nepristojna, ne traži svoje, ne razdražuje se, zaboravlja i prašta zlo; ne raduje se nepravdi, a raduje se istini. Sve ispričava, sve vjeruje, svemu se nada, sve podnosi."

Primjerice, ako smo strpljivi, ali sebični; ili se ne razljutimo lako, ali smo nepristojni, još uvijek nemamo tu duhovnu ljubav o kojoj Pavao govori. Ne smijemo propustiti niti jednu od osobina prave duhovne ljubavi.

S druge strane, ako još uvijek osjećate usamljenost ili prazninu iako mislite da imate duhovnu ljubav, to je zato jer ste željeli primiti nešto zauzvrat bez da ste toga bili svjesni. Vaše srce još nije u potpunosti ispunjeno istinom duhovne ljubavi.

No, ako ste ispunjeni duhovnom ljubavi, nikada se nećete osjećati usamljenima ili praznima, već ćete uvijek biti radosni, sretni i zahvalni. Duhovna se ljubav raduje davanju; što više dajete, to ste radosniji, zahvalniji i sretniji.

Duhovna ljubav se raduje davanju sebe

Poslanica Rimljanima 5,8 nam govori: *„Ali Bog pokaza svoju ljubav prema nama time što je Krist, dok smo još bili grešnici, umro za nas."* Bog ljubi Isusa, svog jedinorođenog Sina, zato što je Isus sama istina koja savršeno nalikuje samom Bogu. No ipak je dao svog jedinorođenog Sina kao žrtvu pomirenja. Koliko je velika i dragocjena Božja ljubav! Bog je iskazao svoju ljubav prema nama žrtvujući svog jedinog Sina. Zato u Prvoj Ivanovoj poslanici 4,16 stoji: *„A mi smo upoznali ljubav koju Bog ima u nama, u vjerovali u nju. Bog je ljubav, tko ostaje u ljubavi, ostaje u Bogu i Bog je u njemu."* Da bismo ušli u Novi Jeruzalem moramo imati Božju ljubav po kojoj se možemo žrtvovati i koja se raduje u davanju tako da možemo proizvesti dokaze koji svjedoče o našem životu u Bogu.

Strastvena ljubav apostola Pavla za duše

Biblijski heroj koji je imao ovakvu vrstu strastvenog srca nalik na sard te bio predan Božjem kraljevstvu je apostol Pavao. Od trenutka kada je upoznao Gospodina do trenutka svoje smrti njegova djela ljubavi prema Bogu nisu se promijenila. Kao apostol pogana, spasio je mnoge duše i osnovao mnoge crkve kroz svoja tri misijska putovanja. Sve dok nije postao mučenikom u Rimu, neprestano je svjedočio za Isusa Krista.

Kao apostolu poganima, životni put bio mu je težak i opasan.

Našao se u mnogim smrtnim opasnostima i neprestano bio progonjen od Židova. Bio je šiban i zatvoren te tri puta doživio brodolom. Često je bio gladan i žedan i nije spavao te je pretrpio i vrućinu i studen. Tijekom svojih misijskih putovanja često se našao u situacijama koje su ljudski teško podnošljive.

Bez obzira na sve to, Pavao nikada nije požalio svoj odabir. Nikada nije ni nakratko pomislio: „Teško je i želim se barem malo odmoriti..." Njegovo se srce nije nikada poljuljalo i nikada se nije ničega bojao. Iako je prolazio kroz mnoštvo nevolja, njegova primarna briga bila je za crkvu i vjernike.

Baš kao što je priznao u Drugoj poslanici Korinćanima 11,28-29: *„Povrh svega-moje svakodnevno salijetanje: briga za sve crkve. Tko je slabić, da ja nisam slabić? Tko se od drugoga navodi na grijeh, da ja ne izgaram?"*

Pavao je pokazao strast i žar dok se trudio oko spasenja duša sve dok, naposljetku, nije dao svoj život. Možemo vidjeti koliko je strastvena bila njegova želja za spasenjem duša ako pročitamo Poslanicu Rimljanima 9,4 gdje piše: *„Želio bih da ja osobno budem određen za uništenje, odijeljen od Krista, za svoju braću, za svoju rodbinu po tijelu."*

Pod svojom braćom ne misli samo na svoju krvnu rodbinu. To se odnosilo na Izraelce, uključujući Židove koji su ga progonili. Kaže da bi čak odabrao da ide u pakao samo da oni prime spasenje. Možemo vidjeti koliko je velika i snažna bila njegova strastvena ljubav za duše i kako je velika bila njegova želja za njihovim spasenjem.

Ta strastvena ljubav za Gospodina, žar i rad na spasenju drugih duša prikazana je crvenom boja sarda.

7. Hrizolit: milosrđe

Hrizolit, sedmi temelj zidova Novog Jeruzalema je proziran ili polu-proziran kamen žutog, zelenog ili ružičastog sjaja, ili se ponekad čini potpuno prozirnim.

Koja je duhovna simbolika hrizolita? Duhovno značenje milosrđa je istinski razumjeti nekoga koga je zaista teško razumjeti i u istini oprostiti osobi kojoj je nemoguće oprostiti. Razumjeti i oprostiti u istini znači razumjeti i oprostiti u ljubavi i dobroti. Milosrđe kojim možemo prigrliti druge u ljubavi je milosrđe čiji je simbol hrizolit.

Oni koji imaju ovakvu vrstu milosrđa nemaju nikakvih predrasuda. Oni ne razmišljaju na način: „On mi se ne sviđa zbog ovoga. Ona mi se ne sviđa zbog onoga." Oni nikoga ne mrze i nema onih koji im se ne sviđaju. Naravnom, nemaju u sebi nikakva neprijateljstva.

Oni jednostavno nastoje na sve gledati na predivan način. Jednostavno prihvaćaju sve. Pa čak i kada se suoče s osobom koja je počinila ozbiljan grijeh, pokažu joj suosjećanje. Oni mrze grijeh, ali ne i grešnika. Umjesto toga ga razumiju i prigrle. To je milosrđe.

Milosrdno srce otkriveno kroz Isusa i Stjepana

Isus je pokazao svoje milosrđe prema Judi Iskariotskom koji ga je trebao izdati. Od početka je znao će ga Juda izdati. Bez obzira na to, Isus ga nije isključio ili držao na distanci. Nije ga mrzio u svom srcu ili pokazivao da mu se ne sviđa. Volio ga je do samog kraja i dao mu je priliku da se okrene. To je milosrdno srce. Čak i kada je bio pribijen na križ, Isus nije prigovarao protiv nikoga, niti je ikoga mrzio. Umjesto toga je molio i posredovao za one koji su mu nanosili bol i povrede kao što je zapisano u Evanđelju po Luki 23,34: „*A Isus je molio: 'Oče, oprosti im, jer ne znaju što čine!'*"

Kod Stjepana također nailazimo na takvo milosrđe. Iako Stjepan nije bio apostol, bio je pun milosti i sile. Zli ljudi zavidjeli su mu i naposljetku ga nasmrt kamenovali. Ali čak i dok su ga kamenovali, on je molio za one koji ga ubijaju. To je zapisano u Djelima apostolskim 7,60: „*Zatim klekne i reče jakim glasom: 'Gospodine, ne uzmi im ovo za grijeh!' Kad to reče, usnu.*"
Činjenica da je Stjepan molio za one koji ga ubijaju ukazuje na to da im je već oprostio. Nije gajio nikakvu mržnju prema njima. To nam pokazuje da je imao savršen plod milosrđa kako bi iskazao suosjećanje za te ljude.

Ako postoji netko među članovima vaše obitelji, braćom u vjeri, ili kolegama na poslu koga mrzite ili vam se ne sviđa ili možda mislite: „Ne sviđa mi se njegov stav. Uvijek mi se protivi", ili se jednostavno držite podalje od neke osobe koja vam nije draga, koliko je to daleko od milosrđa?
Ne bi smio postojati nitko tko nam se ne sviđa ili ga mrzimo. Trebali bismo biti u stanju razumjeti, prihvatiti i pokazati dobrotu prema svakome. Bog Otac pokazuje nam ljepotu milosrđa kroz kamen hrizolit.

8. Beril: strpljivost

Beril, osmi temelj zidova Novog Jeruzalema plave je ili tamno zelene boje i podsjeća nas na plavo more. Koja je duhovna simbolika berila? On simbolizira strpljivost u svemu pri gradnji Božjeg kraljevstva i traženju njegove pravednosti. Beril predstavlja ustrajnost u ljubavi, čak i prema onima koji vas progone, proklinju i mrze te ustrajnost u tome da ne mrzimo, ne svađamo se ili uzvraćamo.

Jakov nas u svojoj poslanici 5,10 potiče: *„Za uzor strpljiva podnošenja, uzmite, braćo, proroke koji su govorili u ime Gospodnje."* Možemo promijeniti druge kada smo strpljivi s njima.

Strpljivost kao plod Duha Svetoga i duhovne ljubavi

Možemo čitati o strpljivosti kao jednom od devet plodova Duha Svetoga u petom poglavlju Poslanice Galaćanima te kao plodu ljubavi u Prvoj poslanici Korinćanima 13. Postoji li razlika između strpljivosti kao ploda Duha Svetoga i strpljivosti kao ploda ljubavi?

S jedne strane, strpljivost u ljubavi odnosi se na strpljivost koja je potrebna u podnošenju bilo kakve osobne poteškoće, kao što je strpljivost prema onima koji vas vrijeđaju ili u mnogim drugim nevoljama na koje nailazite u životu. S druge strane strpljivost kao plod Duha Svetoga odnosi se na strpljivost u istini i strpljivost pred Bogom u svemu.

Dakle, strpljivost kao plod Duha Svetoga ima šire značenje, uključujući strpljivost vezanu uz neka osobna pitanja te pitanja koja se odnose na Božje kraljevstvo i njegovu pravednost.

Različite vrste strpljivosti u istini

Strpljivost da bismo izgradili Božje kraljevstvo i postigli njegovu pravednost može se kategorizirati u tri vrste.

Prvo, tu je strpljivost između nas i Boga. Moramo biti strpljivi dok Bog ne ispuni svoje obećanje. Bog Otac je vjeran – jednom kada je nešto rekao, sigurno će to i učiniti. Zato, ako smo primili obećanje od Boga, moramo biti strpljivi sve dok se ono ne ispuni. Također, ako smo tražili nešto od Boga, moramo biti strpljivi dok ne dođe odgovor. Neki vjernici govore: „Molim cijelu noć; čak i postim i opet nema odgovora." To je poput zemljoradnika koji sije sjeme i ubrzo krene kopati jer nije odmah vidio plod. Ako smo posijali sjeme, moramo biti strpljivi sve dok ono ne proklija, naraste, procvjeta i ne donese plod.

Zemljoradnik čupa korov i štiti usjev od nametnika. Čini puno toga i jako se trudi kako dobio željeni plod. Isto tako, da bismo primili odgovor na naše molitve, postoje stvari koje trebamo učiniti. Moramo ispuniti pravu mjeru prema mjeri sedam Duhova – vjeru, radost, zahvalnost, naporan rad, vjernost, poslušnost zapovijedima i ljubav.

Bog nam odmah odgovara samo ako smo ispunili traženi iznos prema mjeri naše vjere. Moramo razumjeti da je svrha vremena strpljivosti s Bogom ta da bismo primili savršeniji odgovor te mu bili još zahvalniji.

Drugo, postoji strpljivost između ljudi. Strpljivost duhovne ljubavi pripada ovakvoj vrsti strpljivosti. Da bismo voljeli neku osobu s kojom smo u bilo kakvom odnosu, potrebna nam je strpljivost.

Potrebna nam je strpljivost kako bismo vjerovali u bilo koju osobu, trpjeli s njom, i nadali se da će napredovati. Čak i ako ona učini nešto suprotno od našeg očekivanja, moramo biti strpljivi u svemu. Moramo razumjeti, prihvaćati, opraštati, popuštati i biti strpljivi.

Oni koji pokušavaju evangelizirati mnoge ljude, vjerojatno su iskusili da ih ljudi proklinju i progone. Ali ako imaju strpljivost u srcu, ponovo će posjetiti te ljude s osmjehom na licu. S ljubavlju za spasenje tih duša, raduju se, zahvaljuju i nikada ne odustaju. Kada pokazuju takvu vrstu strpljivosti s dobrotom i ljubavlju prema osobi koju evangeliziraju, zbog tog svjetla se od njih odmiče tama te osoba može otvoriti svoje srce, prihvatiti svjetlo i primiti spasenje.

Treće, tu je strpljivost za promjenu srca.

Kako bismo promijenili svoja srca, moramo iz njih iščupati neistinu i zlo te posijati istinu i dobrotu. Promjena srca nalikuje čišćenju polja. Moramo ukloniti kamenje i počupati korov. Ponekad moramo preorati tlo. Tada je polje dobro i što god sijemo uzrast će i roditi rod.

Isto je i s čovječjim srcem. U onoj meri u kojoj pronađemo zlo u našem srcu i iščupamo ga, možemo imati dobro polje našeg srca. Tada, kada je posijana Božja riječ, ona može proklijati, rasti i donijeti rod. I baš kao što se moramo oznojiti i naporno raditi da bismo raščistili tlo, moramo to isto učiniti kako bismo promijenili svoje srce. Moramo žarko vapiti Bogu u molitvi svom snagom i iz sveg srca. Tada možemo primiti snagu Duha Svetoga da izoremo tjelesno srce koje nalikuje besplodnoj zemlji.

Taj proces nije tako lak kao što neki zamišljaju. Zato se neki ljudi osjećaju tegobno; razočaraju se ili padnu u očaj. Za to nam je potrebna strpljivost. Iako se možda čini da se mijenjamo jako polako, ne smijemo se nikada razočarati ili odustati.

Trebamo se prisjetiti ljubavi Boga koji je umro za nas na križu, primiti snagu i nastaviti obrađivati polje našeg srca. Također, moramo gledati na ljubav i blagoslove Gospodnje koje će nam on dati kada u potpunosti obradimo svoje srce. Također trebamo nastaviti raditi u zahvalnosti.

Da u nama nema nikakvog zla, sam pojam strpljivosti ne bi bio potreban. Isto tako, da imamo samo ljubav, oproštenje, razumijevanje, ne bi bilo mjesta strpljivosti. Zato Bog želi da imamo takvu strpljivost u kojoj riječ strpljivost nije potrebna. Zapravo, Bog koji je sama dobrota i ljubav ne mora biti strpljiv. Međutim, on nam kaže da je strpljiv s nama kako bi nam pomogao razumjeti koncept strpljivosti. Trebamo shvatiti da, što je više stvari s kojima moramo biti strpljivi, to znači da u Božjim očima imamo isto toliko zla u našim srcima.

Ako nema ničega s čime trebamo biti strpljivi nakon što smo postigli savršeni plod strpljivosti, uvijek ćemo biti sretni, čuti samo dobre vijesti i osjećati takvu lakoću u svojim srcima kao da hodamo po oblacima.

9. Topaz: duhovna dobrota

Topaz, deveti temelj zidova Novog Jeruzalema je kamen prozirne crveno narančaste boje. Duhovno on simbolizira dobrotu. Dobrota je osobina koja uključuje ljubaznost, pomaganje i iskrenost. Ali duhovno značenje dobrote je dublje od toga.

Dobrota je također jedan od devet plodova Duha Svetog i njezino je značenje isto kao i značenje dobrote koju predstavlja topaz. Duhovno značenje dobrote je traženje dobrote unutar Duha Svetoga.

Svaka osoba ima standard prema kojem sudi između dobra i zla; ispravnog i krivog. To se zove savjest. Koncept savjesti mijenjano se kroz vrijeme te se razlikovao među različitim zemljama i narodima.

Standard prema kojem se mjeri razina duhovne dobrote je samo jedan: Božja riječ koja je istina. Stoga, ako tražimo dobrotu iz naše perspektive tu nije riječ o duhovnoj dobroti. Kada tražimo dobrotu u Božjim očima, to je duhovna dobrota.

Evanđelju po Mateju 12,35 piše: *„Dobar čovjek iz dobre riznice iznosi dobro, a zao čovjek iz zle riznice iznosi zlo."* Isto tako, oni koji u sebi imaju duhovnu dobrotu tu će dobrotu i iskazivati. Kamo god išli i s kime god se susreli, dobre riječi i dobra djela će ići pred njima.

Miris dobrote će se širiti iz onih koji je imaju kao što se ugodan miris širi oko onih koji na sebe stave parfem. Oni odaju aromu Kristove dobrote. Stoga, samo traženje dobrote u srcu ne možemo nazvati dobrotom. Ako imamo srce koje traži dobrotu, zasigurno ćemo širiti Kristov miris našim dobrim riječima i djelima. Na taj bismo način trebali pokazati moralnu vrlinu i ljubav prema ljudima koji nas okružuju. To je dobrota u pravom, duhovnom smislu.

Standard prema kojem mjeriti duhovnu dobrotu

Sam Bog je dobar te na dobrotu nailazimo kroz Bibliju, Božju riječ. Također postoje reci u Bibliji koji specifično ukazuju na boju topaza, odnosno na boju duhovne dobrote.

Kao prvo to možemo naći u Poslanici Filipljanima 2,1-4 gdje piše: *„Ako što vrijedi pobuda u Kristu, ako što ljubezna utjeha, ako zajednica s Duhom, ako nježnost i samilost, učinite potpunom moju radost: budite složni, imajte istu ljubav, isto srce i jednu te istu misao! Ne činite ništa iz sebičnosti ili tašte slave, nego u poniznosti smatrajte jedan drugoga većim od sebe! Ne gledajte pojedini samo na svoju vlastitu korist nego i na korist drugih!"*

Čak i ako nešto nije ispravo prema našem shvaćanju i karakterima, ako tražimo Božju dobrotu, udružit ćemo se s drugima i složiti s njihovim mišljenjima. Nećemo se ni oko čega svađati. Nećemo imati želju da se hvastamo ili da nas drugi uzdižu. S poniznošću u srcu, smatrat ćemo druge boljima od sebe i to iz dubine srca. Svoje ćemo poslove obavljati vjerno i odgovorno. Čak ćemo biti u stanju pomoći drugima u njihovom poslu.

Možemo lako vidjeti kakva to osoba ima dobrotu u svom srcu ako pogledamo priču o dobrom Samarijancu koju nalazimo u

Evanđelju po Luki 10,25-37.

„*Neki čovjek, silazeći iz Jeruzalema u Jerihon, zapade među razbojnike, koji ga svuku i još k tome izrane, ostave napol mrtva pa odu. Slučajno je istim putem silazio neki svećenik pa kad opazi, zaobiđe ga i prođe. A tako i neki levit, kada dođe tu i kad ga opazi, zaobiđe ga i prođe. Neki putnik Samarijanac dođe blizu njega pa kad ga vidje, sažali se. Pristupi mu, opra mu rane uljem i vinom i zavi ih. Zatim ga stavi na svoje kljuse, odvede ga u gostionicu i preuze za nj brigu. Sutradan izvadi dva denara i dade ih gostioničaru: 'Brini se za nj – reče mu – pa ako što više potrošiš, ja ću ti na povratku platiti.' Koji se, po tvome mišljenju, od te trojice pokazao bližnjim onomu što je zapao među razbojnike?*" (Lk 10,30-36)

Između svećenika, levita i Samarijanca, tko se pokazao kao bližnji i osoba puna ljubavi? Samarijanac je mogao biti pravi bližnji osobi koja je zapala među razbojnike jer je u svom srcu imao dobrotu kao bi pravilno odabrao, iako su ga smatrali poganinom.

Taj Samarijanac možda nije imao dobro znanje o Riječi Božjoj. Ali možemo vidjeti da je imao srce koje se vodilo dobrotom. To znači da je imao duhovnu dobrotu koja se nahodi onim što je dobro u Božji očima. Čak i ako moramo potrošiti vlastiti novac i vrijeme, moramo odabrati ono što je dobro u Božjim očima. To je duhovna dobrota.

Isusova dobrota

Još jedan biblijski redak koji jasnije osvjetljava Božju dobrotu je u Evanđelju po Mateju 12,19-20, a odnosi se na Isusovu dobrotu. U njemu čitamo:

"Prepirat se neće ni vikati, ulicama glas mu se čut neće. Ni zgažene trske neće slomit, ni ugasit žiška što tek tinja dok pravdu ne privede pobjedi."

Fraza "dok pravdu ne privede pobjedi" naglašava kako je Isus djelovao samo s dobrotom u srcu kroz cijeli proces raspeća i uskrsnuća osiguravši nam pobjedu kroz svoju milost i spasenje. Budući da je Isus imao duhovnu dobrotu, nikada nije nikoga vrijeđao niti se svađao. Sve je prihvaćao u mudrosti koja proizlazi iz duhovne dobrote te s riječju istine, čak i kada se našao u situaciji koja se činila neprihvatljivom. Štoviše, Isus se nije suprotstavio onima koji su ga pokušali ubiti niti je pokušao objasniti ili dokazati svoju nevinost. Sve je prepustio Bogu te postigao sve u svojoj mudrosti i istini kroz duhovnu dobrotu.

Duhovna dobrota je srce koje "ne lomi zgaženu trsku, niti gasi žižak što tinja." Ta definicija daje nam temeljne referentne točke dobrote.

Oni koji imaju dobrotu ne viču i ni sa kim se ne svađaju. Također, pokazat će svoju dobrotu kroz svoju pojavu. Kao što je napisano: "ulicama glas mu se čut neće", oni koji imaju dobrotu će iskazivati dobrotu i poniznost prema van. Kako li su samo besprijekorne i savršene bile Isusove navike i način života; njegov hod, geste i jezik! Izreke 21,11 kažu: „Jahve ljubi čisto srce, i tko je ljubeznih usana, kralj mu je prijatelj."

Kao prvo, zgažena ili napukla trska predstavlja one koji su mnogo pretrpjeli od svijeta i čija srca su ranjena. Čak i kada traže Boga jadnog srca, Bog ih neće zapostaviti, već ih prihvatiti. U Božjem srcu i u Isusovom srcu je samo dobrota.

Sljedeće, isto je sa srcem koje ne gasi žižak što tek tinja. Ako žižak tek tinja, to znači da vatra zamire, ali još uvijek postoji nešto žara. Taj žižak predstavlja osobu koja je ukaljana zlom tako da je svjetlo njegovog duha pritajeno. Ne bismo smjeli odustati čak ni od takve osoba ako postoji i najmanja mogućnost za njezino spasenje. To je dobrota.

Naš Gospodin ne odustaje ni od onih ljudi koji žive u grijehu i protive se Bogu. On i dalje kuca na vrata njihova srca kako bi došli do spasenja. Srca našeg Gospodina puno je dobrote.

Postoje ljudi koji su u vjeri poput zgažene trske i žiška koji tinja. Kada dođu u iskušenja zbog slabe vjere, neki ljudi jednostavno nemaju snage sami ponovo doći u crkvu. Možda su zbog nekih tjelesnih stvari koje još nisu odbacili naštetili drugih članovima crkve. Budući da im je jako žao i sram ih je, osjećaju se kao da se ne mogu vratiti natrag u crkvu.

Zato mi moramo otići do njih. Moramo im ispružiti ruku i držati ih za ruke. To je dobrota. Također, postoje ljudi koji su bili prvi u vjeri, ali su u posljednje vrijeme duhovno slabo. Neki od njih su također postali poput žižaka koji tinjaju.

Neki od njih žele biti voljeni i prepoznati od drugih, ali to se ne dogodi. Zato su im srca slomljena i zlo koje je u njima izlazi van. Možda su ljubomorni na druge koji napreduju u duhu, možda ih čak i kleveću. To je poput žiška koji tinja, dimi se i širi smrad. Ako imamo istinsku dobrotu, moći ćemo razumjeti te ljude i prihvatiti ih. Ako pokušamo raspravljati s njima što je ispravno, a što nije te ih pokušamo prisiliti da se podlože, to nije dobrota. Moramo se prema njima dobro odnositi u istini i ljubavi, čak i prema onima čije ponašanje je zlo. Moramo otopiti i dotaknuti njihova srca. Kada to činimo, djelujemo u dobroti.

10. Hrizopraz: samokontrola

Hrizipraz, deseti temelj zidova Novog Jeruzalema je najskupocjeniji među kalcedonima. Polu-prozirne je tamno zelene boje te je jedan od dragocjenih kamena koje su Korejanke nekada smatrale vrlo vrijednim. Njima je on predstavljao ženinu čistoću i krepost.

Koja je duhovna simbolika hrizopraza? On predstavlja samokontrolu. Dobro je imati obilje svega u Bogu, ali mora postojati samokontrola kako bi sve ostalo predivno. Samokontrola je također jedan od devet plodova Duha Svetoga.

Samokontrola kako bismo postigli savršenstvo

Poslanica Titu 1,7-9 govori nam o preduvjetima za nadglednika crkve te je jedan od uvjeta samokontrola. Ako osoba kojoj nedostaje samokontrole postane nadglednik, što će moći postići svojim životom koji nije pod kontrolom?

Što god činili za i u Gospodinu, moramo razlikovati istinu

od neistine i slijediti volju Duha Svetoga u samokontroli. Ako smo u stanju čuti glas Duha Svetoga, bit ćemo uspješni u svemu budući da imamo samokontrolu. Međutim, ako nemamo samokontrole, stvari mogu poći po zlu te nas čak mogu zadesiti nesreće, prirodne ili ljudskom rukom uzrokovane katastrofe i tome slično.

Isto tako, plod samokontrole je izuzetno važan i nužan ako želimo postići savršenstvo. Dok donosimo plod ljubavi, možemo donositi i plod radosti, mira, strpljivosti, blagosti, dobrote vjernosti i krotkosti i taj je plod cjelovit sa samokontrolom.

Samokontrolu možemo usporediti sa anusom na našem tijelu. Iako je jako malen, ima vrlo važnu ulogu. Što ako izgubi svoju snagu pritiska i kontrakcije? Fekalije ne bi bile pod kontrolom i čitavi bi se zaprljali.

Na isti način, ako izgubimo samokontrolu, sve se može pretvoriti u nered. Ljudi žive u neistini jer se ne mogu duhovno kontrolirati. Zbog toga se suočavaju s testovima i kušnjama i ne mogu primiti Božju ljubav. Ako se ne možemo tjelesno kontrolirati, činit ćemo nepravedne i nezakonite stvari jer ćemo jesti i opijati se koliko želimo te time dovoditi nered u svoje živote.

Ivan Krstitelj

Dobar primjer samokontrole među biblijskim likovima je Ivan Krstitelj.

Ivan je vrlo rano znao zašto je došao na svijet. Znao je da treba pripremiti put za Isusa koji je Svjetlo istinito. Zato je, dok nije ispunio svoju zadaću, živio životom potpuno odvojenim od ljudi. Tijekom boravka u divljini oboružao se samo s molitvom i

Riječju. Jeo je samo skakavce i divlji med. Bio je to jako povučen i odvojen te strogo kontroliran način života. Takvim je načinom života bio spreman pripremiti put Gospodnji i u potpunosti ispuniti svoju zadaću.

U Eevanđelju po Mateju 11,11 Isus je o njemu rekao ovo: *„Zaista, kažem vam, između rođenih od žene nije ustao veći od Ivana Krstitelja."*

Ako netko misli: „Znači sad ću otići negdje u planine ili na neko osamljeno mjesto i živjeti život samokontrole!", to samo dokazuje da ta osoba nema samokontrole i da tumači Božju riječ na svoj način te previše razmišlja.
Važno je kontrolirati vlastito srce u Duhu Svetomu. Ako još niste dosegli razinu duha, morate kontrolirati svoje tjelesne želje i slijediti samo želje Duha Svetoga. Također, čak i kada postignete tu razinu duha, morate kontrolirati i jačati svako od duhovnih srdaca kako biste imali sklad u cjelini. Samokontrola je prikazana kroz svjetlo hrizopraza.

11. Hijacint: čistoća i svetost

Hijacint: jedanaesti temelj zidova Novog Jeruzalema je dragocjeni kamen prozirne plavkaste boje te duhovno simbolizira čistoću i svetost.

Čistoća o kojoj ovdje govorimo odnosi se na stanje bezgrešnosti i čistoće bez ikakve ljage i mrlje. Ako se osoba istušira ili okupa nekoliko puta na dan; počešlja se i uredno odjene, ljudi će reći da je ona čista i uredna. Hoće li onda i Bog reći da je čista? Tko je dakle čovjek s čistim srcem i kako možemo postići čisto srce?

Srce čisto u Božjim očima

Farizeji i književnici prali su svoje ruke prije jela sljedeći pritom tradiciju starih. I kada Isusovi učenici to nisu činili, postavili su Isusu pitanje kako bi ga optužili. Evanđelje po Mateju 15,2 kaže: *„Zašto tvoji učenici krše predaju starih? Ne peru ruke prije jela."* Isus ih je podučio što čistoća zaista znači. U Evanđelju po Mateju 15,19-20 rekao je: *„Jer iz srca dolaze zle misli, ubojstva, preljubi, bludnost, krađe, lažna svjedočanstva, psovke. To ukalja čovjeka. A jesti nepranim rukama ne ukalja čovjeka."* Čistoća u Božjim očima znači nemati grijeha u srcu. Čistoća znači da imamo srce koje je čisto od svake krivnje od mrlje ili ljage. Svoje ruke i tijelo možemo oprati vodom, ali kako ćemo očistiti svoja srca?

Možemo ih također oprati vodom. Srce možemo očistiti perući ga duhovnom vodom Božje riječi. U poslanici Hebrejima 10,22 piše: *„...pristupajmo k njemu iskrena srca i sa sigurnim uvjerenjem pošto smo očistili svoja srca od zle savjesti i oprali tijelo čistom vodom."* Možemo imati čisto i iskreno srce do one mjere u kojoj djelujemo na temelju Božje riječi.

Kada smo poslušni svemu što Biblija kaže da trebamo odbaciti ili ne činiti, neistina i zlo će se isprati iz našeg srca. I kada smo poslušni svemu što Biblija zapovijeda da činimo i držimo, možemo izbjeći mrlje grijeha i zla svijeta neprestano pribavljajući nove zalihe čiste vode. Na taj način možemo svoje srce održavati čistim.

U evanđelju po Mateju 5,8 piše: *"Blago onima koji su čista srca, jer će Boga gledati."* Bog nam je rekao koje će blagoslove primiti oni koji su čista srca. Oni koji su čista srca će gledati Boga licem u lice u njegovom kraljevstvu nebeskom. Oni mogu ući barem u Treće kraljevstvo nebesko ili čak u Novi Jeruzalem.

Ali pravo značenje gledanja Boga nije samo da ga gledamo. To znači da se uvijek susrećemo s njim i da primamo pomoć od njega. To znači da živimo životom u kojem hodamo s Bogom čak i ovdje na zemlji.

Henok je postigao čisto srce

Peto poglavlje Knjige Postanka govori o Henoku koji je imao čisto srce i hodao s Bogom na zemlji. U redcima 21 do 24 možemo čitati kako je Henok hodao s Bogom tri stotine godina od trenutka kada mu se u dobi od 65 godina rodio sin Metušalah. Zatim je, kao što je zapisano u 24. retku: *"Henok je hodio s Bogom, zatim iščeznu, Bog ga uze"*, unesen na nebo živ.

Poslanica Hebrejima 11, 5 nam objašnjava zašto je mogao biti prenesen na nebo bez da je vidio smrti: *"Vjerom je Henok prenesen na nebo tako da nije vidio smrti; i više se ne nađe, jer ga Bog bijaše prenio. Prije, naime, nego bijaše prenesen, primi svjedočanstvo da je ugodio Bogu."*

Henok je ugodio Bogu time da je gajio čisto srce bez grijeha čak do te mjere da nije vidio smrti. I naposljetku je prenesen na nebo živ. Imao je 365 godina, ali u to vrijeme su ljudi živjeli više od 900 godina. Prema današnjim standardima, Bog je uzeo Henoka kada je bio u najboljim godinama. Razlog tome je da je Henok bio tako ljubak u Božjim očima. Umjesto da ga ostavi na zemlji, Bog je želio posjesti Henoka blizu sebi u kraljevstvu nebeskom. Možemo jasno vidjeti koliko se Bog raduje i uživa u onima koji imaju čisto srce.

Ali čak ni Henok nije postao posvećen preko noći. I on je prošao kroz različite kušnje do svoje 65. godine. U Knjizi Postanka 5,19 možemo vidjeti da je Henokov otac Jared nakon Henokova rođenja još 800 godina dobivao sinove i kćeri tako da možemo zaključiti da je Henok imao mnogo braće i sestara.

Bog mi je kroz duboku molitvu otkrio da Henok nije imao nikakvih problema sa svojom braćom i sestrama. Nikada nije želio imati više od svoje braće, uvijek im je ustupao stvari. Nikada nije želio biti prepoznat više od svoje braće i sestara i trudio se dati sve od sebe. Čak i kada su druga braća bila voljena više od njega, nije osjećao neugodu što znači da nije bio ljubomoran.

Također, Henok je uvijek bio poslušna osoba. Bio je poslušan ne samo Božjoj riječi, već i svojim roditeljima. Nikada nije ustrajao u svojem mišljenju. Nije imao egocentričnih želja i nije ništa uzimao osobno. Živio je u miru sa svima.

Henok je u sebi gajio čisto srce kojim je mogao vidjeti Boga. Kada je navršio 65 godina, dosegao je dob kada je mogao ugoditi Bogu i kada je mogao hodati s Bogom.

Ali postoji još važniji razlog zašto je mogao hodati s Bogom. A to je zato što je ljubio Boga i volio komunicirati s njim. Naravno, nije upirao oči u stvari ovog svijeta i volio je Boga više od svega na ovom svijetu.

Henok je volio svoje roditelje i bio im je poslušan i između njega i njegove braća i sestara vladao je mir i razumijevanje, ali Bog je bio taj kojeg je najviše volio. Više je uživao u slavljenju Boga u samoći, nego u provođenju vremena sa svojom obitelji. Dok je gledao nebo i prirodu, Bog mu je nedostajao te je uživao u zajedništvu s njim. Tako je bilo i prije no što je Bog počeo hodati s njim, a nakon toga još više. Kao što piše u Mudrim izrekama 8,17: *„Ja ljubim one koji ljube mene, i nalaze me koji me traže."* Henok je volio Boga i Bog mu je silno nedostajao te je Bog također hodao s njim.

Što više volimo Boga, to će čišće postati naše srce, i što je čišće naše srce, više ćemo voljeti Boga i tražiti ga. Ugodno je razgovarati s ljudima koji su čista srca. Oni jednostavno sve prihvaćaju u čistoći i vjeruju drugima.

Tko bi se mogao namrštiti i osjećati loše kada vidi smiješak male bebe? Većina ljudi se osjeća dobro te se također nasmiješe kada vide malu bebu. To je zato što se čistoća male bebe prenosi na ljude te donosi osvježenje u njihova srca.

Bog Otac se isto tako osjeća kada vidi osobu čista srca. Želi češće vidjeti tu osobu te ostati s njom.

12. Ametist: ljepota i blagost (nježnost)

Dvanaesti i zadnji temelj zidova Novog Jeruzalema je ametist. Ametist je blago ljubičaste boje i proziran je. Ametist ima tako elegantnu i divnu boju da je od davnina bio omiljen među plemstvom.

Bog također smatra divnim duhovno srce koje predstavlja ametist. Duhovno srce koje ametist simbolizira je blago. Ta blagost (nježnost) nalazi se u poglavlju o ljubavi; u blaženstvima i među plodovima Duha. (U hrvatskom prijevodu Biblije spominju se dvije različite riječi: krotkost i blagost, ali ne i nježnost koja bi najbolje opisivala riječ gentleness upotrijebljenu u engleskom tekstu op. prev.) To je plod koji se rađa kod osobe kroz Duha Svetoga i po riječi Božjoj.

Blago i nježno srce koje Bog smatra divnim

Rječnik definira blagost kao karakter koji je mio, ugodan, krotak i donosi mir. Ali blagost koju Bog smatra divnom nije samo to.

Oni koji su tjelesno blagi i nježni, osjećaju se pomalo neugodno uz ljude koji nisu blagi. Kada vide nekoga snažnog karaktera, otvorenog prema ljudima, pomalo su na oprezu i čak im je pomalo neugodno uz takvu vrstu ljudi. Ali osoba koja je duhovno blaga i nježna može prihvatiti dugu osobu bez obzira na njezin karakter. To je jedna od razlika između tjelesne blagosti i nježnosti i one duhovne.

Što je onda duhovne blagost i nježnost i što to Bog smatra

lijepim? Biti duhovno blag i nježan znači imati mio i topao karakter zajedno sa srcem spremnim svakoga prihvatiti. To je netko tko ima srce koje je meko i nježno poput vate tako da mnogi mogu naći odmor u njemu. Također, to je netko tko može sve shvatiti u dobroti i sve prihvatiti i prigrliti u ljubavi.

Još je jedna stvar koja ne smije nedostajati duhovnoj nježnosti i blagosti. To je krepostan karakter u kombinaciji sa širokim srcem. Ako imamo toplo i meko srce samo u sebi, to ne znači baš ništa. S vremena na vrijeme, kada je to potrebno, trebali bismo biti u stanju ohrabriti i dati savjet drugima, pokazujući im djela dobrote i ljubavi. Pokazati krepostan karakter znači ojačati druge, učiniti da osjete toplinu i pronađu odmor u vašem srcu.

Duhovno nježna i blaga osoba

Ljudi koji su duhovno istinski nježni i blagi nemaju predrasude prema nikome. Zato nemaju problema i nisu u lošim odnosima ni sa kim. Ta druga osoba također osjeća toplinu srca te može pronaći odmor i mir osjećajući se prihvaćeno. Takva duhovna blagost i nježnost je poput velikog drveta koje pruža velik, osvježavajući hlad tijekom ljetnih vrućina.

Ako muž prihvaća i prigrli cijelu svoju obitelj široka srca, žena će ga poštivati i ljubiti. Ako i žena ima srce meko poput pahulje, može pružiti utjehu i mir svome mužu te tako mogu biti vrlo sretan par. Također, djeca odgojena u takvoj obitelji neće zalutati čak ni kada se suoče s poteškoćama. Budući da se mogu ojačati u miru svoje obitelji, mogu nadići poteškoće i odrasti u pravednosti i zdravlju.

Isto tako, kroz one koji su razvili duhovnu blagost, ljudi koji ih okružuju mogu pronaći odmor i osjećati se sretnima. Zato Bog Otac može reći da su oni koji su duhovno blagi zaista divni.

U ovom svijetu ljudi koriste mnoge načine kako b zadobili nečije srce. Možda im daju materijalne stvari ili koriste svoj društveni status ili autoritet. Ali na te tjelesne načine ne možemo istinski zadobiti srca drugih ljudi. Možda nam na trenutak pomognu zbog vlastitih potreba, ali budući da nam se nisu od srca podložili, promijenit će mišljenje čim se situacija promijeni.

Ali ljudi će se prirodno okupljati oko osobe koja je posjeduje duhovnu blagost i nježnost. Podlažu se od srca kako bi ostali s tom osobom. To je zato što se, iako je osoba duhovno blaga i nježna, mogu ojačati i biti utješeni što nisu mogli postići u svijetu. Tako će mnogi ostati uz osobu koja je duhovno nježna i to postaje duhovni autoritet.

Evanđelje po Mateju 5,5 govori o blagoslovu zadobivanja mnogih duša tako što kaže da će oni baštiniti zemlju. To znači da će zadobiti srca ljudi načinjenih od zemlje. Kao rezultat, također će primiti velike površine zemljišta u vječnom kraljevstvu. Budući da su prigrlili i priveli mnoge duše istini, primit će veliku nagradu.

Iz tog razloga Bog kaže za Mojsija u Knjizi Brojeva 12,3: *„Mojsije je bio veoma skroman čovjek, najskromniji čovjek na zemlji."* Mojsije je izveo narod iz Egipta. Vodio je više od dva milijuna ljudi i upravljao nad njima četrdeset godina u divljini. Kao što roditelji podižu svoju djecu, on ih je prigrlio u svoje srce i vodio ih prema Božjoj volji.

Roditelji neće samo tako napustiti svoju djecu, čak i kada ona počine grozan grijeh. Isto tako, Mojsije je prihvatio čak i one ljude koji su prema Zakonu trebali biti napušteni i vodio ih do samoga kraja tražeći od Boga da im oprosti.

Ako u crkvi imate neku dužnost, čak i onu najmanju, razumjet ćete kao je dobra ta blagost. Ne samo u onim dužnostima koje obuhvaćaju brigu za duše, već i u svim drugima, ako ih obavljate s blagošću, nećete imati problema. Ne postoje dva čovjeka istog srca i istih misli. Svaka osoba odrasla je u drukčiji okolnostima i ima drukčiji karakter. Mišljenja i stavovi se razlikuju. Ali osoba koja je nježna i blaga u duhu, prihvatit će svakoga s otvorenim srcem. Blagost koja je spremna prepustiti svoje i prihvatiti druge najbolje se očituje u situaciji kada svi inzistiraju na tome da budu u pravu.

Naučili smo što sve simboliziraju duhovna srca na temelju svakoga od dvanaest temelja Novog Jeruzalema. To su srca vjere, poštenja, požrtvovnosti, strasti, milosrđa, strpljivosti, dobrote, samokontrole, čistoće i blagosti. Kada skupimo sve te osobine to postaje srce Isusa Krista i Boga Oca. Jednom riječju to je savršena ljubav.

Oni koji su razvili tu savršenu ljubav s dobrim i uravnoteženim kombinacijama ovih osobina dvanaest dragulja, mogu hrabro ući u Novi Jeruzalem gdje će biti okićeni tim draguljima.

Stoga je unutrašnjost Novog Jeruzalema tako predivna i zapanjujuća da je to nemoguće izraziti. Kuće, zgrade i sve građevine i ustanove poput parkova su ukrašene na najljepši mogući način.

Ali Bog najdivnijima smatra ljude koji uđu u Novi Jeruzalem. Oni će sjati još blještavijim sjajem od sjaja dvanaest kamena. Također će iz dubina svojih srca širiti snažan miris ljubavi prema Ocu. Kroz njih će Bog Otac primit zauzvrat sve ono što je dao i učinio.

Šesto poglavlje

Dvanaestora vrata od bisera i ulice od zlata

1. Dvanaestora vrata od bisera
2. Ulice od čistog zlata

*„Dvanaest je vrata dvanaest bisera.
Gradski je trg od čistog zlata,
nalik na prozirno staklo."*
- Otkrivenje 21,21 -

Novi Jeruzalem ima dvanaestora vrata, troja na sjevernoj, južnoj, istočnoj i zapadnoj strani zidova. Ogroman anđeo čuva svaka od ovih vrata i taj prizor pri jednom pogledu ukazuje na veličanstvenost i autoritet Novog Jeruzalema. Svaka vrata imaju luk i on je tako velik da moramo dići svoj pogled visoko prema gore. Svaka vrata su izgrađena od jednog divovskog bisera. Otvaraju se prema obje strane te imaju ručku izrađenu od zlata i drugog dragog kamenja. Vrata se otvaraju automatski; nitko ih ne mora gurati.

Bog je napravio dvanaestora vrata od predivnog bisera i trg (ulice) od čistog zlata za svoju ljubljenu djecu. Koliko će tek divne biti građevine unutar grada?

Prije no što se pozabavimo građevinama i zgradama u gradu, razmotrimo zašto je Bog napravio gradska vrata od bisera i kakvih sve ulica ima osim onih zlatnih.

1. Dvanaestora vrata od bisera

Otkrivenje 21,21 kaže: *„Dvanaest je vrata dvanaest bisera. Gradski je trg od čistog zlata, nalik na prozirno staklo."* Zašto su vrata načinjena od bisera dok ima mnogo drugog dragog kamenja u Novom Jeruzalemu? Neki bi mogli reći da bi bilo bolje ukrasiti svaka vrata drukčijim kamenom budući da ima dvanaest vrata, ali Bog ih je sva ukrasio biserom.

To je zato što taj dizajn ukazuje na Božju providnost te sadrži duhovno značenje. Biseri imaju drukčiju vrijednost od kamenja te se stoga smatraju dragocjenijima jer su proizvod bolnog procesa.

Zašto su vrata izrađena od bisera?

Kako nastaje biser? Biser je jedan od dva organska dragulja iz mora. Drugi je koralj. Vole ga mnogi ljudi diljem svijeta jer i bez poliranja ima prekrasan sjaj.

Biser nastaje u unutarnjoj stjenci kamenice. To je kvržica nevjerojatno sjajnog iscjetka koja se sastoji uglavnom od kalcijevog karbonata te je okruglog ili polukružnog oblika. Kada strano tijelo ili tvar dođe u doticaj s mekim mesom kamenice, školjka je u velikoj boli, kao da ju netko probada iglom. Tada se školjka bori protiv te strane tvari noseći se sa snažnom boli. Biser nastaje kada taj iscjedak iz školjke prekrije stranu tvar stalno nanoseći nove slojeve.

Postoje dvije vrste bisera. Prirodni biseri i uzgojeni biseri. Ljudi su shvatili načelo nastajanja bisera. Uzgajaju mnoštvo školjaka i u njih unesu neku umjetnu tvar kako bi one proizvele bisere. Ti biseri izgledaju poput prirodnih, no relativno su jeftiniji od prirodnih jer imaju tanje biserne slojeve.

Baš kao što školjka proizvodi predivan biser trpeći silnu bol zbog strane stvari, postoji proces trpljenja za Božju djecu koja nastoje postići izgubljenu sliku Božju. Mogu proizaći s vjerom koja je poput čistog zlata s kojom mogu ući u Novi Jeruzalem samo nakon što pretrpe nevolje i patnje tijekom života na zemlji.

Ako želimo zadobiti pobjedu u bitci za našu vjeru i ući kroz vrata Novog Jeruzalema, u našim srcima mora nastati biser. Baš kao što školjka bisernica trpi bol i luči sedef kako bi proizvela biser, Božja djeca također moraju trpjeti bol sve dok u cijelosti ne povrate Božju sliku.

Kako je grijeh ušao u svijet te ljudi postali sve više i više okaljani njime, izgubili su Božju sliku. U ljudskom srcu posijani su zlo i neistina te je ono postalo nečisto šireći grozan smrad. Bog Otac pokazao je svoju veliku ljubav čak i tim ljudima koji su živjeli s grešnim srcima u grešnom svijetu.

Svatko tko povjeruje u Isusa bit će očišćen od svojih grijeha po njegovoj krvi. Ali Bog Otac želi djecu koja su potpuno odrasla i zrela. Želi one koji se neće ponovo zaprljati nakon što su oprani. Duhovno to znači da više ne počinjanju grijeh, već ugađati Bogu Ocu savršenom vjerom.

A da bismo imali takvu vrstu savršene vjere, moramo prvo imati ispravno srce. A takvo srce možemo imati tek kada iz njega maknemo svaki grijeh i zlo te ga ispunimo dobrotom i ljubavlju. Što je više ljubavi i dobrote u našem srcu, to je više obnovljena Božja slika u nama.

Bog Otac dopušta pročišćavajuće kušnje kako bi njegova djeca razvila dobrotu i ljubav. Dopušta im da u svojim srcima pronađu grijeh i zlo u raznim situacijama. Kada naiđemo na grijeh i zlo, osjetit ćemo bol u svome srcu. To je poput uljeza koji dođe u školjku i zabode se u njezino mekano meso. Ali moramo prihvatiti činjenicu da trpimo bol kada prolazimo kroz kušnje i nevolje zato što je u našim srcima grijeh i zlo.

Ako to zaista priznamo, možemo stvoriti duhovni biser u svojim srcima. Tada ćemo žarko moliti da možemo odbaciti grijeh i zlo koje smo otkrili. Tada na nas dolaze Božja milost i snaga. Također, pomoći će nam Duh Sveti. Kao rezultat, grijeh i zlo na koje smo naišli će biti uklonjeni i umjesto toga ćemo imati duhovno srce. Biseri su izuzetno dragocjeni ako uzmemo u obzir proces njihova nastanka. Baš kao što školjke moraju trpjeti bol kako bi proizvele biser, mi moramo nadjačati i pretrpjeti mnogo boli kako bismo ušli u Novi Jeruzalem. Možemo ući kroz ta vrata samo ako zadobijemo pobjedu u bitci vjere. Ta su vrata načinjena od bisera kako bi simbolizirala tu činjenicu.

Poslanica Hebrejima 12,4 nam govori: *„Još se, naime u borbi protiv grijeha niste oduprli do krvi."* A drugi dio Otkrivenja 2,10 nas potiče: *„Ostani vjeran do smrti, i dat ću ti vijenac – život!"*

Kao što nam Biblija govori, možemo ući u Novi Jeruzalem, najljepše mjesto na nebu, samo ako se odupremo grijehu, odbacimo svaku vrstu zloće i budemo vjerni do smrti te ispunimo svoje dužnosti.

Nadvladavanje kušnji vjere

Moramo imati vjeru poput čistog zlata kao bismo ušli kroz dvanaest vrata Novog Jeruzalema. Ta vrsta vjere nam nije samo tako dana. Tek kada prođemo i nadvladamo kušnje vjere, nagrađeni smo takvom vjerom, baš kao što školjka podnosi silnu bol da bi proizvela biser. Međutim, nije tako lako nadvladati u vjeri jer postoje neprijateljski zli duhovi i Sotona koji nas na sve načine pokušavaju spriječiti da zadobijemo vjeru. Štoviše, sve dok ne stanemo na stijenu vjere, možemo se osjećati kako je put do neba težak i bolan jer se moramo suočiti s brojnim bitkama protiv neprijatelja đavla i to u onom omjeru u kojem u našem srcu prebiva neistina.

Međutim, možemo nadvladati jer nam Bog daje svoju milost i snagu i Duh Sveti nam pomaže i vodi nas. Ako stojimo na stijeni vjere nakon što smo poduzeli ove korake, moći ćemo nadvladati svaku vrstu nevolje i radovati se umjesto da trpimo.

Budistički redovnici udaraju svoje tijelo i čine ga svojim robom kroz meditaciju kojom nastoje odbaciti sve svjetovno. Neki desetljećima prakticiraju asketizam, a kad umru od njihovih posmrtnih ostataka ostaje predmet nalik biseru. To je oblikovano kroz mnoge godine trpljenja i samokontrole kao što biseri nastaju u školjkama bisernicama.

Koliko bismo mi morali pretrpjeti i kontrolirati sami sebe kada bismo pokušali odbaciti svjetovna zadovoljstva i kontrolirati tjelesne požude u svojoj vlastitoj snazi? Ali Božja djeca se mogu brzo riješiti užitaka po milosti Božjoj i u njegovoj snazi po djelovanju Duha Svetoga. Također, uz Božju pomoć možemo nadvladati svaku nevolju i trčati duhovnu utrku zato jer je za nas pripremljeno nebo.

Stoga Božja djeca koja imaju vjere ne moraju trpjeti kušnje u boli, već ih nadvladati u radosti i zahvalnosti, iščekujući blagoslove koje će uskoro primiti.

Dvanaest bisernih vrata su za pobjednike u vjeri

Dvanaest bisernih vrata služe kao slavoluci pobjede za pobjednike u vjeri, nalik onima kroz koje su slavodobitno prolazili zapovjednici nakon zadobivene pobjede i koji su bili sagrađeni njima u čast.

U antici su ljudi, kako bi zaželjeli dobrodošlicu vojnicima i njihovim zapovjednicima koji su se vraćali kući nakon trijumfa, gradili spomenike i građevine i nazivali ih po herojima. Generalu koji je predvodio pobjedu bi se iskazivala čast tako što bi prošao kroz slavoluk; dočekala bi ga masa ljudi te bi ga postavili na kola koja bi poslao sam kralj.

Kada bi dosegli mjesto proslave uz pjesmu i slavlje, dočekali bi ga ministri koji su sjedili uz kralja i kraljicu. Zapovjednik bi tada sišao s kola, poklonio se kralju i kralj bi mu rekao da ustane te ga pohvalio za njegovu istaknutu službu. Zatim bi jeli, pili te se veselili i slavili pobjedu. Zapovjedniku bi se ponekad dodijelili autoritet, bogatstvo i časti kraljevskih razmjera.

Ako je autoritet zapovjednika i njegove vojske bio tako velik, koliko će veći biti autoritet onih koji će proći kroz dvanaestora vrata Novog Jeruzalema? Bit će utješeni i primit će ljubav od Boga Oca te zauvijek prebivati tamo u slavi koja se ne može usporediti sa slavom zapovjednika i vojski koje su prolazile kroz slavoluke. Kada prođu kroz dvanaestora vrata od bisera, podsjetit će se na svoje putovanje vjere tijekom kojeg su se borili i dali sve od sebe, te u zahvalnosti zaplakati suzama koje proizlaze i dubina njihovih srdaca.

Veličina dvanaestorih bisernih vrata

U nebu ljudi nikada ništa ne zaboravljaju, čak i nakon što je prošlo mnogo vremena, zato što je nebo dio duhovnog svijeta. Umjesto toga, ponekad uživaju provodeći vrijeme prisjećajući se prošlosti.

Zato su oni koji uđu u Novi Jeruzalem prepuni emocija svaki puta kada pogledaju biserna vrata misleći: „Nadvladao sam mnoge kušnje i napokon stigao u Novi Jeruzalem!" Raduju se sjećajući se činjenice da su se borili i napokon izvojevali pobjedu protiv svog neprijatelja đavla i svijeta te odbacili od sebe svaku neistinu. Još jednom daju hvalu Bogu Ocu, prisjećajući se njegove ljubavi koja ih je vodila kako bi nadvladali svijet. Također zahvaljuju onima koji su im pomagali sve dok nisu stigli na to mjesto.

U ovom svijetu stupanj zahvalnosti ponekad blijedi ili gotovo nestaje kako vrijeme prolazi, ali budući da u nebu nema nikakve neiskrenosti, ljudska zahvalnost, radost i ljubav rastu sve više i više s protokom vremena. Zato, kada god stanovnici Novog Jeruzalema pogledaju prema tim bisernim vratima, zahvaljuju Bogu i onima koji su im pomogli da stignu tamo.

2. Ulice od čistog zlata

Dok se ljudi prisjećaju svog života na zemlji i prolaze kroz veličanstvena biserna vrata u obliku luka, napokon ulaze u Novi Jeruzalem. Grad je pun svjetla Božje slave, udaljene smirene anđeoske pjesme slavljenja i blagog mirisa cvijeća. Kako korak po korak ulaze u grad, osjećaju neopisivu sreću i uznesenost.

O zidovima okićenim s dvanaest dragulja i predivnim bisernim vratima već je bilo riječ. Od čega su, onda, načinjene ulice Novog Jeruzalema. Kao što piše u Otkrivenju 21,21: *"Dvanaest je vrata dvanaest bisera. Gradski je trg od čistog zlata, nalik na prozirno staklo."* (Engleski prijevod Biblije govori o ulicama od zlata op.prev.) Bog je za svoju djecu koja uđu u Novi Jeruzalem načinio ulice od čistog zlata.

Isus Krist: put

Na ovom svijetu postoje mnoge vrste cesta, od mirnih puteljaka do željezničkih pruga; od uskih uličica do autocesta. Ovisno o odredištu i potrebi, ljudi putuju različitim putovima. No, samo je jedan put do neba: Isus Krist.

"Ja sam put, istina i život – reče mu Isus – nitko ne dolazi k Ocu osim po meni" (Iv 14,6).

Isus, jedinorođeni Božji sin, je otvorio put spasenja tako što je raspet za sve ljude koji su trebali umrijeti zbog svojih grijeha te je uskrsnuo treći dan. Kada vjerujemo u Isusa Krista, ispunjavamo uvjete da primimo život vječni. Stoga je Isus Krist jedini put do neba, spasenja i vječnog života. Štoviše, put do vječnog života vodi kroz prihvaćanje Isusa Krista i postajanje poput njega.

Zlatne ulice

S obje strane rijeke života nalaze se ulice koje svima omogućuju lak dostup prijestolju Božjem u nebu koje je neograničeno. Rijeka života izvire iz Božjeg i Janjetova prijestolja, teče kroz grad i sva prebivališta u nebu te se vraća natrag Božjem prijestolju.

"Potom mi anđeo pokaza rijeku života, bistru kao kristal, koja istječe iz Božjeg i Janjetova prijestolja. Svuda između gradskog trga i rijeke rastu stabla života koja rađaju dvanaest puta: svakog mjeseca daju svoj plod. Lišće od stabala služi za lijek

poganima. Neće biti više ništa prokleto" (Otk 22,1-2).

Voda duhovno simbolizira Božju riječ, i budući da primamo život kroz njegovu Riječ te idemo putem vječnog života kroz Isusa Krista, rijeka života teče od Božjeg i Janjetova prijestolja. Štoviše, budući da rijeka života okružuje nebo, možemo doći do Novog Jeruzalema prateći zlatne ulice s obje strane rijeke.

Značaj zlatnih ulica

Zlatne ulice ne nalaze se samo u Novom Jeruzalemu već i u svim mjestima na nebu. Međutim, kao što se sjaj, materijali i ljepota razlikuju od mjesta do mjesta, sjaj zlatnih ulica se razlikuje od jednog prebivališta do drugog.

Čisto zlato na nebu, za razliku od zlata na zemlji, nije meko, već čvrsto. Ipak, kada hodamo tim zlatnim ulicama, čini se jako mekanim. Nadalje, u nebu nema prašine niti bilo kakve prljavštine, i budući da se ništa ne troši, zlatne ulice se nikada ne oštete. Na obje strane ulica raste predivno cvijeće i ono pozdravlja Božju djecu koja hodaju ulicama.

Iz kojeg razloga su ulice načinjene od čistog zlata i koje je značenje toga. Da nas podsjete kako ćemo prebivati u boljem mjesto u nebu ako su naša srca čišća. Nadalje, budući da možemo ući u Novi Jeruzalem samo ako napredujemo prema gradu u vjeri i nadi, Bog je načinio ulice od čistog zlata koje predstavlja duhovnu vjeru i žarku nadu koja se rađa iz te vjere.

Cvjetne ceste

Kao što postoji razlika u hodu po svježe pokošenoj livadi i hodu po kamenju ili popločenoj cesti, isto tako postoji razlika između hoda po zlatnim ulicama i cvjetnim cestama. Također postoje i druge ceste od dragulja te postoji razlika u sreći pri hodu po njima. Također, primjećujemo razliku u stupnju udobnosti između različitih prijevoznih sredstava kao što su zrakoplov, vlak ili autobus, a isto je tako i u nebu. Postoji razlika u tome hodamo li sami ili smo automatski preneseni Božjom silom.

Cvjetne ceste na nebu nisu okružene cvijećem sa svake strane jer jesu od cvijeća kako bi ljudi mogli hodati po cvijeću. To djeluje meko i podatno poput hoda po mekom tepihu bosih nogu. Cvijeće ne biva oštećeno niti vene jer su naša tijela duhovna i jako lagana te ne pogazimo cvijeće dok hodamo.

K tomu, nebesko cvijeće se raduje i ispušta miris kada djeca Božja hodaju po njemu. Tako, dok ljudi hodaju po cvjetnim cestama, njihova tijela upijaju miris te su njihova srca blažena, osvježena i sretna.

Ceste od dragulja

Ceste su načinjene od dragulja raznih blještavih boja i pune predivnog svjetla, i ono što je još zanimljivije, sjaje još ljepše kada duhovna tijela hodaju po njima. Čak i dragulji ispuštaju miris, a radost i sreća koje se osjećaju su neopisive. Također osjećamo lagano uzbuđenje kada hodamo po cestama od dragulja jer to nalikuje hodu po vodi. Međutim, to ne znači da se osjećamo kao da ćemo potonuti i utopiti se, već sa svakim korakom osjećamo ushit uz jako malo uloženog napora. Međutim, ceste od dragulja moguće je pronaći samo u nekim predjelima neba. Drugim riječima, one su nagrada koja se nalazi oko kuća onih koji nalikuju Božjem srcu i koji su jako puno pridonijeli u ostvarenju Božjeg plana. Čini se kao da je čak i najmanji prolaz okićen elegantnim ukrasima od najkvalitetnijih materijala u kraljevom dvorcu ili palači.

Ljudi se ne umaraju niti im išta u nebu dosadi, već sve vole zauvijek jer je to duhovni svijet. Također, osjećaju veliku radost i sreću jer čak i mali predmeti imaju duhovno značenje te ljudska ljubav i divljenje rastu u skladu s time.

Kako je divan i prekrasan Novi Jeruzalem! Bog ga je pripremio za svoju ljubljenu djecu. Čak se i ljudi u Raju, te Prvom, Drugom i Trećem kraljevstvu nebeskom raduju i budu zahvalni kada prođu kroz biserna vrata s pozivom da uđu u Novi Jeruzalem.

Možete li zamisliti koliko su Božja djeca zahvalna i radosna kada stignu u Novi Jeruzalem jer su vjerno slijedila Gospodina koji je pravi put.

Tri ključa za ulazak u Novi Jeruzalem

Vjera je temeljna i najosnovnija stvar u kršćanskom životu. Bez vjere ne možemo biti spašeni ni ugoditi Bogu. Da bismo ušli u Novi Jeruzalem, moramo imati vjeru koja ugađa Bogu – petu razinu vjere koja je najviša razina vjere. Stoga, je prvi ključ ulaska peta razina vjere – vjera da ugodimo Bogu.

Drugi ključ nalazimo u dvanaest kamena temeljaca. Sjedinjenje duhovnih srdaca predstavljenih kroz dvanaest kamena čini savršenu ljubav i ta savršena ljubav je drugi ključ za ulazak u Novi Jeruzalem.

Dvanaest temelja sagrađeno je od dvanaest različitih dragulja. Svaki dragulj u temeljima predstavlja specifičnu vrstu duhovnog srca. To su srca vjere, čestitosti, požrtvovnosti, pravednosti, vjernosti, strasti, milosrđa, strpljivosti, dobrote, samokontrole, čistoće i blagosti. Kada sjedinimo sve ove osobine, to čini srce Isusa Krista i Boga Oca koji je sama ljubav. Da sažmemo, drugi ključ za ulazak u Novi Jeruzalem je savršena ljubav.

Treći ključ, skriven u Novom Jeruzalemu, su biserna vrata. Kroz sliku bisera Bog želi da shvatimo kako možemo ući u Novi Jeruzalem. Biser nastaje na puno drukčiji način od drugih dragulja. Svih dvanaest dragulja koji se nalaze u temeljima; baš kao i zlato i srebro dolaze iz zemlje. Ali biser je jedinstveni proizvod živog bića.

Većinu bisera proizvode školjke bisernice. Školjka bisernica trpi bol i luči sedef kako bi proizvela biser. Isto tako, Božja djeca također moraju pretrpjeti bol sve dok u potpunosti ne povrate Božju sliku.

Bog Otac želi zadobiti djecu koja se neće ponovo uprljati nakon što su oprana krvlju Isusa Krista, već ugađati Bogu kroz savršenu vjeru. Da bismo imali tu savršenu vjeru, potrebno nam je ispravno i iskreno srce. Da bismo imali iskreno i ispravno srce, moramo ukloniti svako zlo i grijeh iz njega i ispuniti ga dobrotom.

Zato Bog dopušta kušnje vjere sve dok ne zadobijemo takva srca i savršenu vjeru. Dopušta nam da pronađemo grijeh i zlo u našim srcima u različitim situacijama. Kada naiđemo na zlo i grijeh, osjećamo bol u srcu. To je kao kada oštra strana tvar uđe u školjku i zareže u meko meso. Kao što školjka prekriva tu stranu tvar slojem i slojem sedefa dajući mu na debljini, kada prolazimo kroz kušnje vjere, sedef našeg srca postaje deblji. Kao što školjka bisernica proizvodi biser, mi vjernici također moramo proizvesti duhovni biser kako bismo ušli u Novi Jeruzalem. To je treći ključ ulaska u Novi Jeruzalem.

Želim da razumijete značenje koje je ugrađeno u gradske zidine Novog Jeruzalema: dvanaestora vrata i dvanaest temeljnih kamena i da imate tri ključa za ulazak u Novi Jeruzalem tako što ćete postići duhovne preduvjete.

Sedmo poglavlje

Očaravajući spektakl

1. Nema potrebe za suncem i mjesecom
2. Zanos Novog Jeruzalema
3. Zauvijek boraviti s Gospodinom, našim Zaručnikom
4. Slava stanovnika Novog Jeruzalema

„Hrama ne vidjeh u njemu. Njegov hram, naime, jest Gospodin, Bog, Svemogući i Janje. Gradu ne treba sunca ni mjesec da svijetle u njemu, jer ga rasvjetljuje sjaj Božji, a Janje mu je svjetiljka. Narodi će hoditi u njegovu svjetlu, zemaljski će kraljevi donijeti u nj svoju raskoš. Njegova se vrata nikad neće zatvarati danju, tu, naime, neće biti noći. U nj će se donijeti raskoš i dragocjenost naroda. Ništa nečisto nikada neće u nj ući: nijedan koji čini što je odurno i lažno, već samo oni koji stoje upisani u Janjetovu knjigu života."

- Otkrivenje 21,22-27 -

Apostol Ivan, kojem je Duh Sveti pokazao Novi Jeruzalem, detaljno je opisao izgled grada kako ga je on vidio gledajući s visine. Ivan je dugo čeznuo za time da vidi unutrašnjost Novog Jeruzalema te je, kada ga je konačno vidio, pao u zanos.

Ako ostvarimo uvjete za ulazak u Novi Jeruzalem i stojimo pred vratima, moći ćemo vidjeti kako se otvaraju biserna vrata s lukovima koja su sama po sebi prevelika da bismo ih mogli u cijelosti vidjeti.

U tom će trenutku neopisivo divno svjetlo zasjati iz grada i okružiti naša tijela. U istom trenutku osjetit ćemo neopisivo veliku Božju ljubav i suze će jednostavno poteći niz naše obraze.

Osjećajući ljubav našeg Boga Oca koji nas je zaštitio svojim očima koja isijavaju, milost Gospodina koji nam je oprostio kroz svoju krv prolivenu na križu te ljubav Duha Svetoga koji prebiva u našim srcima i koji nas je vodio da živimo u istini, dat ćemo mu svu slavu i čast.

Promotrimo sada detalje grada Novog Jeruzalema na temelju zapisa apostola Ivana.

1. Nema potrebe za suncem i mjesecom

Apostol Ivan, gledajući prizor unutrašnjosti Novog Jeruzalema bio je ispunjen Božjom slavom i priznao:

„Gradu ne treba sunca ni mjesec da svijetle u njemu, jer ga rasvjetljuje sjaj Božji, a Janje mu je

svjetiljka." (Otkrivenju 21,23)

Novi Jeruzalem je ispunjen Božjom slavom jer sam Bog boravi i vlada u njemu i jer je to vrhunac duhovnog svijeta gdje je Bog oblikovao samoga sebe u Trojstvo za obnovu i oblikovanje ljudi.

Božja slava sjaji u Novom Jeruzalemu

Razlog zašto je Bog stavio sunce i mjesec u ovaj svijet je da mi možemo prepoznati dobro i zlo i razlikovati duh od tijela kroz svjetlo i tamu te tako živjeti kao prava djeca Božja. On zna sve o duhu i tijelu; o dobru i zlu, ali ljudska bića ne mogu razumjeti te stvari bez procesa obnove i razvoja jer su samo stvorenja.

Kada je prvi čovjek, Adam, bio u Edenskom vrtu prije ljudskog oblikovanja nije mogao spoznati zlo, smrt, siromaštvo ili bolesti. Zato, iako je živio u izobilju, nije mogao shvatiti pravo značenje životne sreće niti biti zahvalan Bogu koji mu je dao sve.

Da bi spoznao pravu sreću, Adam je moramo prvo proliti suze, žalovati, podnijeti patnje uzrokovane boli i bolesti te iskusiti smrt i to je proces ljudskog oblikovanja. Molimo vas, pogledajte knjigu *The Message of the Cross (Poruka Križa)* za više detalja.

Na kraju je Adam počinio grijeh neposlušnosti pojevši sa stabla spoznaje dobra i zla: protjeran je iz vrsta gdje je iskusio relativnost. Tak nakon što je shvatio kako je ispunjen, sretan i divan bio njegov život u Edenskom vrtu, mogao je iskreno zahvaliti Bogu.

Njegovi potomci su također došli do toga da razlikuju svjetlo od tame, duh od tijela i dobro od zla kroz taj proces ljudskog oblikovanja iskusivši pritom mnoge razne poteškoće. Zato, jednom kada primimo spasenje i dođemo u nebo, svijetlo sunca i mjeseca koje nam je prije bilo nužno za taj proces, sada više nije potrebno. Budući da sam Bog boravi u Novom Jeruzalemu, u njemu nema nikakve tame. Nadalje, svjetlo Božje slave je najsjajnije u Novom Jeruzalemu te je sasvim prirodno da gradu nije potrebno sunce ni mjesec ili bilo kakva svjetiljka koja bi ga rasvjetljavala.

Janje je svjetiljka Novog Jeruzalema

Ivan nije mogao pronaći ništa što bi odašiljalo svjetlost kao što su sunce i mjesec ili nekakva žarulja. To je zato što je Isus Krist, koji je Janje, svjetiljka Novog Jeruzalema. Otkako je prvi čovjek, Adam, počinio grijeh, čovječanstvo je moralo platiti cijenu smrti (Rim 6,23). Bog ljubavi poslao je Isusa na zemlju kako bi riješio taj problem grijeha. Isus, Sin Božji koji je došao na ovu zemlju u tijelu, očistio nas je od naših grijeha prolivši svoju krv i postao prvi plod uskrsnuća slomivši silu smrti.

Kao rezultat toga, svi koji prihvate Isusa kao osobnog Spasitelja primaju život i mogu biti sudionici uskrsnuća, uživati u vječnom životu i primiti odgovore na sve što zatraže na ovoj zemlji. Nadalje, Božja djeca sada mogu postati svjetlo svijeta tako što sami žive u svjetlu i daju slavu Bogu kroz Isusa Krista. Drugim riječima, kao što svjetiljka daje svjetlo, svjetlo Božje slave sjaji još sjajnije kroz Spasitelja Isusa.

2. Zanos Novog Jeruzalema

Kada izdaleka gledamo grad Novi Jeruzalema, možemo kroz oblake slave vidjeti predivne građevine izgrađene od raznih dragulja i zlata. Cijeli grad djeluje kao da je živ zbog raznovrsnog svjetla: svijetla koje dolazi iz kuća sagrađenih od raznog dragog kamenja; svjetla Božje slave te svjetla koje se odražava od zidova sagrađenih od jaspisa i čistog zlata prozirne i plavkaste boje.

Zar uopće možemo riječima izraziti osjećaje i uzbuđenje prilikom ulaska u Novi Jeruzalem? Grad je tako divan, veličanstven i zanosan da je to nadilazi našu maštu. U središtu Novog Jeruzalema nalazi se Božje prijestolje iz kojeg teče rijeka života. Oko Božjeg prijestolja nalaze se Ilijina, Henokova i Abrahamova kuća kao i kuće Marije Magdalene i Djevice Marije; svih onih koje je Bog jako, jako volio.

Gospodinov dvorac

Gospodinov dvorac nalazi se desno i naniže od Božjeg prijestolja i to je mjesto gdje Boga štuju i slave te on tu boravi na gozbama. U Gospodinovom dvorcu u središtu se nalazi ogromna zgrada sa zlatnim krovom, a oko nje se nalazi beskrajno mnogo drugih zgrada. Na zlatnim kupolastim krovovima nalaze se mnogi križevi slave koji sjaje briljantnim svjetlom. Oni nas podsjećaju na činjenicu da smo primili spasenje i došli u nebo zato što je Isus prihvatio križ.

Velika zgrada u središtu ima cilindričan oblik, ali budući da je okićena mnogi, delikatno obrađenim draguljima, svjetlo koje se odražava iz raznih dragulja odražava dugine boje. Kada bismo trebali usporediti Gospodinov dvorac s nekom ljudskom građevinom, najviše bi nalikovao katedrali svetog Vasilija u Moskvi. Međutim, stil, materijali i veličina najsjajnije i najdivnije zgrade na zemlji se ne mogu ni usporediti s ovima.

Osim te zgrade u središtu, u Gospodinovom se dvorcu nalaze mnoge druge zgrade. Sam Bog Otac pobrinuo se da te zgrade budu tu kako bi oni koji imaju bliske odnose u duhu mogli ostati sa svojim voljenima. Nasuprot Gospodinovog dvorca nalaze se poredane kuće dvanaest učenika. Naprijed su Petrova, Ivanova i Jakovljeva kuća, dok se kuće drugih apostola nalaze iza njih. Posebno je to da Marija Magdalena i Djevica Marija mogu boraviti u Gospodinovom dvorcu. Naravno to su samo njihova privremena boravišta kada ih Bog pozove, a njihove prave kuće nalik dvorcima nalaze se blizu Božjeg prijestolja.

Dvorac Duha Svetoga

Lijevo i naniže od Božjeg prijestolja nalazi se dvorac Duha Svetoga. Divovski dvorac predstavlja krotke i meke, majčinske karakteristike Duha Svetoga s mnogim skladnim kupolastim zgradama raznih veličina.

Krov najveće zgrade u središtu dvorca nalik je velikom komadu sarda koji predstavlja strast. Oko te zgrade teče rijeka života koja izvire iz Božjeg prijestolja i Gospodinovog dvorca.

Svi dvorci u Novom Jeruzalemu su bezmjerno ogromni i veličanstveni, ali Gospodinov dvorac i dvorac Duha Svetoga su posebno veličanstveni i divni. Veličinom su više nalik gradu nego dvorcu i sagrađeni su u posebnom stilu. To je zato što ih je, za razliku od drugih kuća koje su gradili anđeli, sagradio sam Bog

Otac. Štoviše, slično kao u slučaju Gospodinovog dvorca, kuće onih koji su ujedinjeni s Duhom Svetim i koji su postigli Božje kraljevstvo u razdoblju Duha Svetoga su predivno sagrađene oko dvorca Duha Svetoga.

Veliko svetište

Oko dvorca Duha Svetoga mnoge su kuće u izgradnji, a tamo je i jedna posebno veličanstvena zgrada. Ima okrugli krov i dvanaest visokih stupova i između stupova su dvanaestora velika vrata. To je veliko svetište načinjeno prema Novom Jeruzalemu. Međutim, Ivan je u Otkrivenju 21,22 rekao: *„Hrama ne vidjeh u njemu. Njegov hram, naime, jest Gospodin, Bog, Svemogući, i Janje."* Zašto Ivan nije mogao vidjeti hram? Ljudi obično misle da je Bogu potrebno mjesto gdje će boraviti. Stoga ga na zemlji štujemo u svetištima gdje se propovijeda Božja riječ. Kao što piše u Evanđelju po Ivanu 1,1: *„U početku bijaše Riječ i Riječ bijaše kod Boga – i Riječ bijaše Bog."* Gdje je Riječ, tu je Bog; znači svugdje gdje se propovijeda Božja riječ u svetištu. Međutim, u Novom Jeruzalem boravi sam Bog. Bog koji sam jest Riječ, i Gospodin koji je jedno s Bogom borave u gradu tako da nije potreban nikakav drugi hram. Tako nam je kroz apostola Ivana Bog pokazao kako hram nije potreban i da su Bog i Gospodin hram u Novom Jeruzalemu.

No ostavljeni smo da se pitamo, zašto se danas gradi veliko svetište koje nije bilo prisutno u doba apostola Ivana. U Djelima apostolskim 17,24 nalazimo: *„Bog, Stvoritelj svijeta i svega što je u njemu, on koji je Gospodar neba i zemlje, ne prebiva u hramovima sagrađenim rukom..."* Bog ne prebiva u nekoj određenoj hramskoj zgradi. Slično tome, iako je Božje prijestolje na nebu, on i dalje želi sagraditi Veliko svetište koje predstavlja njegovu slavu; Veliko svetište postaje čvrst dokaz u prikazivanju Božje sile i slave nad cijelom svijetom. Danas na zemlji postoje mnoge velike i veličanstvene zgrade. Ljudi ulažu velike svote novca i grade predivne građevine za svoju slavu i prema svojim željama, ali nitko ne čini to isto za Boga, koji je zaista vrijedan slave. Zato Bog želi sagraditi predivno i veličanstveno Veliko svetište kroz svoju djecu koja su primila Duha Svetoga i posvetila se. Želi da ga ljudi iz svih naroda zemaljskih prikladno proslave (1 Ljt 22,6-16).

Slično tome, kada Veliko Svetište bude sagrađeno kako Bog želi, svi ljudi iz svih naroda će proslaviti Boga i pripremiti se kao zaručnice Kristove kako bi ga primili. Zato je Bog pripremio Veliko svetište kao središte evangelizacije kako bi doveo bezbrojne ljude na put spasenja i uveo ih u Novi Jeruzalem na kraju vremena. Ako shvatimo taj Božji plan i damo mu slavu, on će nas nagraditi prema našim djelima i sagraditi isto takvo svetište u Novom Jeruzalemu.

Tako, gledajući Veliko svetište izgrađeno od dragulja i zlata koje ne možemo usporediti s zemaljskim materijalima, oni koji uđu u nebo će biti zauvijek zahvalni na Božjoj ljubavi i blagoslovima kroz proces ljudskog oblikovanja.

Nebeske kuće ukrašene draguljima i zlatom

Uokolo dvorca Svetog Duha su kuće ukrašene draguljima mnogih vrsta te postoje mnoge kuće koje su još u izgradnji.

Možemo vidjeti mnoge anđele kako rade, stavljajući predivne dragulje na ovo ili ono mjesto ili raščišćujući mjesto za kuće. Na taj način Bog daje nagrade prema djelima svakog pojedinca i stavlja ih da žive u svojim kućama.

Bog mi je jednom pokazao kuće dvije vrlo vrijedne radnice u mojoj crkvi. Jedna od njih je bila izvor snage za crkvu moleći se dan i noć za kraljevstvo Božje i njezina je kuća izgrađena s mirisom molitve i postojanosti te je od samoga ulaza ukrašena briljantnim draguljima.

Također, kako bi bila prilagođena njezinim slatkim osobinama, u jednom kutu se nalazi vrt u kojem može piti čaj sa svojim voljenima. Na travnjaku je mnoštvo malog cvijeća različitih boja. To opisuje samo ulaz i vrt njezine kuće. Možete li zamisliti koliko je veličanstvenija glavna zgrada?

Druga kuća koju mi je Bog pokazao pripada radnici koja je na zemlji posvetila svoj život literarnoj evangelizaciji. Mogao sam vidjeti jednu od mnoštva soba u kući. U njoj su pisaći stol, stolac i svijećnjak od zlata te mnoštvo knjiga. To je kao nagrada i spomen na njezino djelo kroz koje je proslavljala Boga kroz literarnu evangelizaciju i zato što Bog zna da jako uživa u čitanju.

Slično tome, Bog ne samo da priprema naše nebeske kuće, već nam daje i prekrasne predmete koji ne možemo ni zamisliti, kako bi nas nagradio za to što smo se odrekli i napustili svoje svjetovne užitke te se u potpunosti posvetili ostvarenju Božjeg kraljevstva.

3. Zauvijek prebivati s Gospodinom, našim Zaručnikom

U Novom se Jeruzalemu neprestano održavaju razne gozbe, uključujući onu koju priprema Bog Otac. To je zato što oni koji žive u Novom Jeruzalemu mogu pozvati braću i sestre koji žive u drugim predjelima neba.

Kako bi divno i slavno bilo i kako biste bili ispunjeni srećom da možete živjeti u Novom Jeruzalemu i da vas Gospodin pozove da uživate u ljubavi s njim i da prisustvujete divnim gozbama!?

Srdačan doček u Božjem dvorcu

Kada ljude u Novom Jeruzalemu Gospodin, njihov Zaručnik pozove, oni se okite poput najljepše mladenke i radosnih se srca okupe u Gospodinovom dvorcu. Kada te Gospodinove zaručnice pristignu u njegov dvorac, dočekaju ih dva anđela, svaki s jedne strane sjajnih metalnih vrata. U tom trenutku okruži ih miris koji se širi iz zidova ukrašenih mnogim draguljima i cvijeća što pridonosi njihovoj radosti.

Po prolasku kroz glavna vrata, čuje se lagani zvuk pjesme štovanja koji dotiče najdublji dio njihova duha. Kada čuju taj zvuk, njihova srca ispuni mir, sreća i zahvalnost na Božjoj ljubavi jer znaju da ih je on doveo tamo.

Dok hodaju zlatnim ulicama prozirnima poput stakla kako bi došli do glavne zgrade, prate ih anđeli te prolaze kroz mnoge predivne zgrade i vrtove. Dok ne dosegnu glavnu zgradu, srca im pulsiraju u iščekivanju skorog susreta s Gospodinom. Približivši se glavnoj zgradi, mogu vidjeti Gospodina kako ih dočekuje. Ne vide dobro od suza, no trče prema Gospodinu u iskrenoj želji da ga vide samo sekundu ranije. Gospodin ih čeka raširenih ruku i lica koje odražava ljubav i krotkost. Grli svakog pojedinog od njih.

Gospodin im govori: „Dođite, predivne moje mladenke! Dobro mi došle!" Oni koji su pozvani izražavaju svoju ljubav na njegovim grudima govoreći: „Iz dubine srca sam zahvalan što si me pozvao ovdje!" Zatim šeću držeći se za ruke s Gospodinom poput zaljubljenog para te vode nježne razgovore koje su htjeli voditi s njim još od života na zemlji. Desno od glavne zgrade nalazi se veliko jezero i Gospodin im u detalje objašnjava svoje osjećaje i okolnosti vezane uz svoju službu na zemlji.

Pored jezera koje podsjeća na Galilejsko

Zašto ih to jezero podsjeća na Galilejsko jezero? Bog je stvorio to jezero kao spomen na Galilejsko jezero jer je Gospodinova služba započela upravo na Galilejskom jezeru te se tamo odvijao njezin velik dio (Mt 4,23). U knjizi proroka Izaije 8,24 piše: „*U prvo vrijeme on obescijeni zemlju Zebulunovu i zemlju Naftalijevu, al' će u vrijeme posljednje proslaviti Put uz more, s one strane Jordana – Galileju pogansku.*" U proroštvu stoji da će Gospodin započeti svoju službu pored Galilejsko jezera i to se proroštvo ispunilo.

U jezeru plivaju ribe od kojih se odražava svjetlo različitih boja. U 21. poglavlju Evanđelja po Ivanu Gospodin se ukazao Petru koji nije uhvatio niti jednu ribu te mu rekao: „*Bacite mrežu na desnu stranu lađice i naći ćete!*" (6.redak), i kada je Petar poslušao, uhvatio je 153 ribe. U jezeru u Gospodinovom dvorcu su također 153 ribe i to je također u spomen na Gospodinovu službu na zemlji. Kada ribe iskaču iz jezera i rade simpatične trikove, mijenja im se boja na razne načine te time pridonose radosti i užitku pozvanih. Gospodin hoda po tom jezeru baš kao što je hodao po Galilejskom jezeru na zemlji. Zatim se uzvanici okupe oko jezera kako bi slušali Gospodina. On detaljno opisuje situaciju kada je hodao po Galilejskom jezeru. Tada je Petru, koji je na trenutak hodao po vodi na ovoj zemlji tako što je bio poslušan njegovoj Riječi, žao jer je potonuo zbog nedostatka vjere (Mt 14,28-32).

Muzej u čast Gospodinove službe

Posjećujući mnoga mjesta s Gospodinom, ljudi se prisjećaju svog vremena na zemlji te su preplavljeni ljubavlju Oca i Gospodina koji je pripremio nebo. Pristižu do muzeja koji je s lijeve strane glavne zgrade u Gospodnjem dvorcu. Bog Otac ga je sagradio u spomen na Gospodinovu službu na zemlji kako bi je ljudi mogli iskusiti kao realnost. Primjerice, mjesto na kojem je Isus bio osuđen pred Poncijem Pilatom i Ulica Dolorosa kojom je nosio križ do Golgote u potpunosti su identične onima na zemlji. Kada ljudi vide ta mjesta, Gospodin im u detalje objašnjava što se tada događalo.

Nedavno sam pod nadahnućem Duha Svetoga spoznao što je Gospodin tada izjavio i htio bih dio toga podijeliti s vama. To je ispovijest iz srca našeg Gospodina koji je došao na zemlju nakon što se odrekao sve slave u nebu i koju je izgovorio dok je nosio križ prema Golgoti.

Nebo II

Oče! Moj Oče!
Moj Oče, koji si savršen u svjetlu,
ti uistinu ljubiš sve!
Zemlja na koju sam
po prvi puta zakoračio s tobom
i ljudi
od svog su se stvaranja
toliko iskvarili...

Sada shvaćam,
zašto si me morao poslati ovdje,
zašto si dopustio da patim ove nevolje
koje proizlaze iz iskvarenog ljudskog srca,
i zašto si mi dopustio da siđem dolje
s veličanstvenog mjesta na nebu!
Sada osjećam i shvaćam
sve te stvari
u dubini svog srca.

Ali, Oče!
znam da ćeš sve obnoviti
u svojoj pravdi i skrivenim tajnama.
Oče!
Sve te stvari su trenutne.
Ali zbog slave
koju ćeš mi dati,
i putova svjetla
koje otvaraš ovim ljudima,
Oče,

uzimam ovaj križ s nadom i radošću.

Oče, u stanju sam poći tim putem
zato što vjerujem
da ćeš ti otvoriti taj put i svjetlo
sa svojim dopuštenjem i u svojoj ljubavi,
i zasjat na svog Sina
predivnim svjetlom
kada kroz kratko vrijeme
svemu ovome bude kraj.

Oče!
Zemlja po kojoj sam nekada koračao je od zlata,
ulice kojima sam hodao su također od zlata,
miris cvijeća koji sam nekada osjetio
ne može se usporediti s ovim na zemlji;
odjeća koju sam nekada nosio
je od materijala
tako drukčijeg od ovog;
i mjesto na kojem sam nekada živio
je tako slavno mjesto.

Oče!
Ja shvaćam svaki dio tvojeg plana i providnosti.
Zašto si me rodio,
zašto si mi povjerio ovu dužnost;
i zašto si mi dopustio da siđem ovdje
da zakoračim na ovu iskvarenu zemlju
i da čitam misli iskvarenih ljudi.

Slavim te Oče
zbog tvoje ljubavi, veličine
i svih savršenih stvari.

Moj dragi Oče!
Ljudi misle da se ne branim,
da tvrdim kako sam kralj Židova.
Ali Oče,
kako mogu dohvatiti sjećanja
koja teku iz mog srca,
ljubav prema Ocu koja teče iz mog srca,
ljubav prema tim ljudima
koja teče iz mog srca?

Oče,
Mnogi ljudi će shvatiti i razumjeti
stvari koje će se dogoditi kasnije
kroz Duha Svetoga
kojeg ćeš im dati kao dar
kada odem.
Zbog ove trenutne boli,
Oče, nemoj plakati
i ne okreći svoje lice od mene.
Neka tvoje srce ne bude ispunjeno boli,
Oče!

Oče, ja te volim!
Dok me ne razapnu
dok ne prolijem svoju krv i udahnem zadnji dah,

Oče, ja mislim na sve stvari
i na srca ovih ljudi.

Oče, neka ti ne bude žao
već se proslavi kroz svog Sina,
i providnost i svi planovi Očevi
će se u potpunosti i zauvijek ispuniti.

Gospodin Isus objašnjava što je prolazilo kroz njegov um dok je bio na križu: nebeska slava, on sam kako stoji pred Ocem, ljudi, razlog zašto mu je Otac morao povjeriti tu dužnost i tako dalje.

Oni koji su pozvani u Gospodinov dvorac plaču dok to slušaju i u suzama zahvaljuju Gospodinu što je uzeo križ umjesto njih te iz dubine srce priznaju: „Moj Gospodine, ti si moj Spasitelj!"

U spomen na Gospodinove patnje, Bog je mnoge ulice u Gospodinovom dvorcu stvorio od dragulja. Kada netko hoda po ulicama načinjenima i ukrašenima mnogim draguljima, svjetla postaju sve žarkija i hod djeluje poput hoda po vodi. U spomen činjenici da je obješen na križ kako bi otkupio čovječanstvo od grijeha, Bog Otac je podigao veliki drveni križ umrljan krvlju. Tu je također betlehemska štala u kojoj se Gospodin Isus rodio te mnoge druge stvari iz Gospodinove službe mogu se vidjeti i iskusiti kao prave. Kada ljudi posjete ta mjesta, mogu vidjeti i čuti o djelu Gospodnjem te je to toliko stvarno da puno dublje osjećaju Gospodinovu i Očevu ljubav te mu zauvijek daju slavu i hvalu.

4. Slava stanovnika Novog Jeruzalema

Novi Jeruzalem je najljepše mjesto u nebu dodijeljeno onima koji su postigli posvećenje u svojim srcima i bili vjerni u svoj kući Božjoj. Otkrivenje 21,24-26 nam govori kakva će vrsta ljudi primiti slavu ulaska u Novi Jeruzalem.

"Narodi će hoditi u njegovu svjetlu, zemaljski će kraljevi donijeti u nj svoju raskoš. Njegova se vrata nikad neće zatvarati danju; tu, naime, neće biti noći. U nj će se donijeti raskoš i dragocjenost naroda."

Narodi hodaju u njegovu svjetlu

Riječ narodi ovdje se odnosi na sve ljude koji su spašeni bez obzira na njihovu etničku pripadnost. Iako se državljanstva, rase i drugi ljudski atributi razlikuju od osobe do osobe, jednom kada su spašeni u Isusu Kristu, svi postaju Božja djeca s državljanstvom nebeskog kraljevstva.

Zato fraza „narodi će hoditi u njegovu svjetlu" znači da će sva djeca Božja hodati u svjetlu Božje slave. Međutim, neće sva djeca Božja imati slavu da mogu slobodno doći u Novi Jeruzalem. To je zato što oni koji borave u Raju, Prvom, Drugom i Trećem kraljevstvu nebeskom mogu ući u Novi Jeruzalem samo ako su pozvani. Samo oni koji su u potpunosti posvećeni i koji su bili vjerni u svoj kući Božjoj mogu imati tu čast da gledaju Boga licem u lice zauvijek u Novom Jeruzalemu.

Zemaljski će kraljevi donijeti svoju raskoš (slavu)

Izraz „zemaljski kraljevi" odnosi se na one koji su bili duhovni vođe na zemlji. Oni sjaje poput dvanaest dragulja u dvanaest temelja zidova Novog Jeruzalema i zadovoljavaju uvjete da za stalno prebivaju u Novom Jeruzalemu. Oni koje Bog prepoznaje će, kada stanu pred njega, donijeti sa sobom žrtve koje su pripremili čitavim svojim srcem. Pod žrtvama mislim sve čime su dali Bogu slavu u svojim srcima koja su čista poput čistog zlata kao prozirno staklo.

Tako „zemaljski će kraljevi donijeti u nj svoju raskoš" znači da će pripremiti kao žrtvene darove sve stvari na kojima su naporno radili za Božje kraljevstvo, dali Bogu slavu te s njima ušli u Božje kraljevstvo.

Kraljevi ovog svijeta donose darove drugim kraljevima većih i jačih naroda kao znak laskanja, ali žrtveni darovi Bogu su dani kao znak zahvalnosti što ih je vodio na putu spasenja u vječni život. Bog rado prima te darove i nagrađuje ih čašću da zauvijek borave u Novom Jeruzalemu.

U Novom Jeruzalemu nema tame jer Bog, koji je svjetlo, prebiva tamo. Budući da nema noći, zla, smrti ili lopova, nije potrebno zatvarati vrata Novog Jeruzalema. Međutim, Pismo govori o danjem svjetlu zato jer imamo samo ograničenu spoznaju i kapacitet da u potpunosti shvatimo nebo.

Donose slavu i čast naroda

U prijevodu Novog Zavjeta po prihvaćenom tekstu (Vrtarićev prijevod) piše da će „u nj donijeti slavu i čast naroda." Što znači taj izraz koji se pojavljuje i u engleskim prijevodima Biblije? Pod onima (koji će donijeti) misli se na ljude iz svih naroda svijeta koji su primili spasenje. A to da će „donijeti slavu i čast naroda" znači da će ti ljudi ući u Novi Jeruzalem sa stvarima kojima su dali slavu Bogu dok su širili Kristov miris na zemlji.

Kada dijete naporno uči i ocjene mu se poboljšaju, pohvalit će se time svojim roditeljima. Roditelji će se radovati s njim jer će biti ponosni na svoje dijete koje je naporno radilo čak i ako nije dobilo najbolje ocjene. Na isti način, u omjeru u kojem djelujemo u vjeri za dobrobit kraljevstva Božjeg na zemlji, mi širimo Kristov miris i dajemo slavu Bogu i on to prima s radošću.

Ranije je spomenuto da će „zemaljski kraljevi donijeti slavu", a razlog zašto piše kraljevi zemaljski je kao prvo da se ukaže na duhovni poredak prema kojem ljudi dolaze pred Boga.

Oni koji su ispunili uvjete za vječni boravak u Novom Jeruzalemu sa slavom koja je poput sunca, prvi će doći pred Boga, a slijedit će ih spašeni iz svih naroda sa svojom slavom. Moramo shvatiti da, ako nemamo uvjete za život u Novom Jeruzalemu, možemo doći u posjet gradu samo s vremena na vrijeme.

Oni koji ne mogu nikada ući u Novi Jeruzalem

Bog ljubavi želi da svi prime spasenje te nagraditi svakoga s prebivalištem i nebeskim nagradama u skladu s njihovim djelima. Zato će oni koji ne zadovoljavaju uvjete za ulazak u Novi Jeruzalem ući u Treće, Drugo i Prvo kraljevstvo nebesko ili Raj prema mjeri njihove vjere. Bog priređuje posebne gozbe i poziva ih u Novi Jeruzalem kako bi i oni mogli uživati u veličanstvenosti grada.

Međutim, možete vidjeti da postoje ljudi koji ne mogu nikada ući u Novi Jeruzalem čak i ako im se Bog želi smilovati. Naime, oni koji nisu primili spasenje, ne mogu vidjeti slave Novog Jeruzalema.

„Ništa nečisto nikada neće u nj ući: nijedan koji čini što je odurno i lažno, već samo oni koji stoje upisani u Janjetovoj knjizi života" (Otkrivenju 21,27).

Nečisto se ovdje odnosi na osuđivanje drugih, prigovaranje i traženje vlastitih interesa i dobrobiti. Takva osoba preuzima ulogu suca i osuđuje druge prema vlastitoj volji umjesto da im iskaže razumijevanje. Odurno se odnosi na sva djela koja dolaze iz odurnog srca na dvosmislen način. Budući da takvi ljudi imaju hirovita i nestalna srca i umove, daju hvalu samo kada prime odgovor na svoje molitve, ali se ubrzo žale ili prigovaraju kada se suoče s kušnjama. Slično tome, oni sa sramotnim srcima varaju svoju savjest i ne oklijevaju promijeniti mišljenje kako bi ostvarili svoje vlastite interese.

Lažljiva osoba je ona koja vara sebe samoga i svoju savjest, i moramo znati da takva vrsta prijevare postaje sotonska zamka. Postoje lažljivci kojima je laž navika i neki koji govore laži za dobrobit drugih, ali Bog želi da odbacimo čak i takvu vrstu laži. Postoje neki ljudi koji štete drugima lažno svjedočeći i takva osoba koja vara druge sa zlom namjerom neće se spasiti. Nadalje, oni koji varaju Duha Svetoga ili varaju u Božjem djelu su također prokleti lažljivci. Juda Iskariotski, jedan od dvanaestorice Isusovih apostola, bio je zadužen za kesu s novcem, ali je potkradao Božje djelo kradući iz riznice i čineći druge grijehe. Kada je Sotona konačno ušao u njega, prodao je Isusa za trideset srebrnjaka te je odbačen za čitavu vječnost.

Postoje ljudi koji vide kako su bolesni iscijeljeni a demoni istjerani po Duhu Svetom i sili Božjoj, ali još uvijek niječu ta djela i govore kako su ona sotonska. Takvi ljudi ne mogu ući u nebo jer su hulili i govorili protiv Duha Svetoga. Ne smijemo ni pod kojim okolnostima govoriti laži pred Bogom.

Oni čija su imena izbrisana iz knjige života

Kad se spasimo po vjeri, naša su imena upisana u Janjetovu knjigu života (Otk 3,5). No, to ne znači da će svatko tko je prihvatio Isusa Krista biti spašen. Možemo zapravo biti spašeni samo ako djelujemo prema Božjoj riječi i sličimo Božjem srcu na temelju obrezanja svojih srca. Ako i dalje djelujemo u neistini, čak i ako smo prihvatili Isusa Krista, naša imena će biti izbrisana iz knjige života i na kraju nećemo primiti spasenje.

O tome nam govori Otkrivenje 22,14-15 koje kaže da su blagoslovljeni oni koji peru svoje haljine, dok oni koji ih ne peru neće biti spašeni.

„Blago onima koji peru svoje haljine tako da dobiju pravo na stablo života i da mognu ući u grad na vrata. Vani ostaju psi i vračari, bludnici i ubojice, idolopoklonici i svi koji ljube i govore laž."

Psi o kojima je ovdje riječ su oni koji iznova i iznova čine neistinu. Oni koji se ne okreću od svojih zlih djela, već nastavljaju činiti zlo ne mogu se spasiti. Oni su poput pasa koji se vraćaju na svoju bljuvotinu ili krmače koja se nakon pranja vraća ponovo valjati u blatu. To je zato što se čini kao da su odbacili svoju zloću, ali nastavljaju u svojim zlim putovima; čini se da su postali bolji, ali se vraćaju zlu.

Međutim, Bog prepoznaje vjeru onih koji teže dobru čak i kada nisu u stanju još u potpunosti činiti Božju volju. Oni će se na kraju spasiti jer se još uvijek mijenjaju i Bog njihov trud smatra vjerom.

Vračari su oni koji prakticiraju čarobnjaštvo. Oni čine gnjusobe te potiču druge da štuju druge bogove. To je Bogu jako, jako odvratno.

Bludnici počinjanju preljub čak i ako nisu u braku. Ne postoji samo tjelesni preljub, već i duhovni preljub, a to znači voljeti bilo što drugo više od Boga. Ako osoba koja je snažno iskusila živog Boga, shvati da se njegova ljubav još uvijek okreće prema drugim svjetovnim stvarima kao što su novac ili njegova obitelji, onda te stvari voli više od Boga i čini duhovni preljub te nije pravedna u Božjih očima.

Ubojice su oni koji tjelesno ili duhovno obijaju. Ako znate duhovno značenje ubojstva, neće sigurno moći hrabro reći da niste nikoga ubili. Duhovno ubojstvo znači uzrokovati da Božja djeca počine grijeh i izgube svoj duhovni život (Mt 18,7). Ako drugima uzrokujete bilo kakvu bol nečime što je protivno istini, to je također duhovno ubojstvo (Mt 5,21-22).

Također, duhovno ubojstvo je ako mrzimo, zavidimo ili smo ljubomorni, osuđujemo, svađamo se, ljutimo, varamo, lažemo, imamo razdjele i strančarimo, klevećemo i nemamo ljubavi i milosrđa (Gal 5,19-20). Međutim, ponekad postoje neki ljudi koji se pogube u vlastitom zlu. Primjerice, ako mrze Boga zato što su razočarani nekime u crkvi, to je rezultat njihovog vlastitog zla. Da su iskreno vjerovali Bogu, ne bi se nikada izgubili.

Idolopoklonstvo je također jedna od stvari koje Bog najviše mrzi. U idolopoklonstvu postoji klanjanje fizičkim idolima i klanjanje duhovnim idolima. Kod fizičkih idola riječ je o izradi nekog neživog kipa ili lika kojem se klanjamo (Iz 46,6-8). Duhovni idol je sve što volimo više od Boga. Ako osoba voli svojeg supružnika ili djecu više od Boga, ili krši Božje zapovijedi ljubeći novac, slavu ili znanje više od njega, to je duhovno idolopoklonstvo.

Takvi ljudi, bez obzira koliko dozivali: „Gospodine, Gospodine!", ili pohađali crkvu, ne mogu biti spašeni niti ući u nebo jer ne vole Boga.

Zato, ako ste prihvatili Isusa Krista, primili Duha Svetoga kao Božji dar i vaše je ime zapisano u Janjetovoj knjizi života, molim vas, imajte na umu da možete ući u nebo i napredovati prema Novom Jeruzalemu samo ako djelujete u skladu s Božjom Riječi.

Novi Jeruzalem je mjesto kamo mogu ući samo oni koji su u potpunosti posvećeni u svojim srcima i vjerni u svoj kući Božjoj.

S jedne strane, oni koji uđu u Novi Jeruzalem mogu susresti Boga licem u lice, voditi ljupke razgovore s Gospodinom i uživati u nezamislivoj časti i slavi. S druge strane, oni koji ostaju u Raju, Prvom, Drugom i Trećem Kraljevstvu nebeskom mogu posjetiti Novi Jeruzalem samo kada su pozvani na posebne gozbe uključujući one koje priređuje sam Bog.

Osmo poglavlje

„Vidjeh Sveti grad, Novi Jeruzalem"

1. Nebeske kuće nezamislive veličine
2. Veličanstveni dvorac s potpunom privatnošću
3. Mjesta za razgledavanje na nebu

„ Blago vama kad vas budu grdili i progonili i kad vam zbog mene budu lažno pripisivali svaku vrstu opačine! Radujete se i kličite od veselja, jer vas čeka velika nagrada na nebesima! Ta, tako su progonili i proroke koji su živjeli prije vas!"

- Evanđelje po Mateju 5,11-12 -

U Novom Jeruzalemu grade se kuće kako bi ljudi čija srca u potpunosti nalikuju Božjem mogli živjeti u njima. Grade ih arhanđeli i anđeli zaduženi za gradnju prema ukusu pojedinaca, a gradnju nadgleda Bog. To je privilegija u kojoj mogu uživati samo oni koji će ući u Novi Jeruzalem. Ponekad sam Bog izda nalog nekom arhanđelu za gradnju kuće pojedine osobe kako bi ona bila sagrađena točno prema njezinom ukusu. On ne zaboravlja niti jednu suzu koju su njegova djeca prolila za njegovo kraljevstvo i nagrađuje ih predivnim dragocjenim kamenjem.

Kao što nalazimo u Evanđelju po Mateju 11,12, Bog nam jasno govori da će naše kuće na nebu biti ljepše u onom omjeru u kojem zadobijemo pobjede u duhovnim bitkama i sazrijemo u vjeri.

„Od vremena Ivana Krstitelja do sada navala je na kraljevstvo, i siloviti ga prisvajaju."

Bog ljubavi nas je kroz mnoge godine vodio da napredujemo prema nebu, jasno nam pokazujući nebeske kuće Novog Jeruzalema. To je zato što je povratak Gospodina, koji je otišao pripremiti kuće, vrlo blizu.

1. Nebeske kuće nezamislive veličine

U Novom Jeruzalemu nalaze se mnoge predivne kuće nezamislive veličine. Među njima je jedna predivna i veličanstvena kuća sagrađena na velikom području. U sredini je okrugli, velik i predivan dvorac na tri kata, a ako njega su mnogi drugi zabavni sadržaji, poput onih u zabavnom parku te to mjesto djeluje kao turistička atrakcija. Ono što je zaista zanimljivo je da ova kuća pripada pojedincu koji je oblikovan na zemlji.

Blago krotkima, jer će baštiniti zemlju

Ako imamo financijskih sredstava možemo pronaći veliko zemljište i sagraditi kuću kakvu želimo. No u nebu ne možemo kupiti nikakvu zemlju, niti sagraditi kuću bez obzira na sve naše bogatstvo jer nas Bog nagrađuje kućama i zemljištem prema našim djelima.

Evanđelje po Mateju 5,5 kaže: „Blago krotkim, jer će baštiniti zemlju." Možemo „baštiniti zemlju" na nebu ovisno o tome koliko smo slično Bogu i koliko smo duhovno krotki postali tijekom života na zemlji. Tome je tako jer duhovno meke osobe mogu prigrliti sve ljude te će im ljudi doći kako bi pronašli odmor i utjehu. Takva osoba je u miru sa svima u svakoj situaciji jer joj je srce meko i nježno poput pahulje.

Međutim, ako smo u kompromisu sa svijetom i djelujemo protivno istini kako bismo bili u miru sa svima, to nije duhovna krotkost. Istinski krotka osoba ne samo da može mekog i toplog srca prigrliti mnoge ljude, već može isto tako biti hrabra i riskirati i vlastiti život za istinu.

Takva osoba može zadobiti mnoga srca i dovesti ljude na put spasenja i do boljeg mjesta u nebu jer je puna ljubavi i blagosti. Zato niže opisana kuća pripada istinski krotkoj osobi.

Kuća nalik gradu

U središtu ove kuće je velik dvorac ukrašen mnogih draguljima i zlatom. Krov je načinjen od sarda okruglog oblika i sjaji. Oko sjajnog dvorca teče rijeka života koja izvire iz Božjeg prijestolja, i zbog mnogih zgrada uokolo ta kuća nalikuje metropoli. Tu su također zabavni parkovi s raznim vlakićima i drugim sličnim aktivnostima, a sve je okićeno draguljima.

S jedne strane tog prostranog zemljišta je šuma, dolina i veliko jezero, a s druge su nepregledna brda s mnoštvom cvijeća i vodopada. Tu je također i more kojim plovi ogroman brod za krstarenje sličan Titaniku.

Razgledajmo sada tu predivnu kuću koja je ukrašena mnogim draguljima, a čuvaju je dva anđela. Oni su muževni i djeluju vrlo snažno. Stoje bez treptaja i zbog dostojanstvenog izgleda djeluju kao da im se ne može pristupiti.

S obje strane vrata nalaze se divni, okrugli i veliki stupovi. Zidovima okićenima mnogim draguljima i cvijeću kao da nema kraja. Po ulasku kroz vrata koja se otvaraju automatski, vode vas anđeli te izdaleka možete vidjeti predivan dvorac s crvenim krovom koji odozgo sjaji predivnim crvenim sjajem.

Također, gledajući mnoštvo kuća ukrašenih draguljima ne možete, a da ne zahvalite Bogu koji vas nagrađuje trideseterostruko, šezdeseterostruko ili stostruko za ono što ste učinili ili dali. Zahvalni ste mu jer je dao svog jedinorođenog Sina da vas dovede na put spasenja i vječnog života. Povrh svega toga, pripremio je predivne nebeske kuće za vas i vaše srce je preplavljeno zahvalnošću i radošću.

Također, budući da se svugdje u dvorcu može čuti blag, jasan

i divan zvuk slavljenja, vaš duh je preplavljen neopisivim mirom i
srećom te ste puni emocija:

Daleko u dubinama moga duha noćas
valja se melodija slađa od psalma;
bez prestanka se spuštaju nebeski glasovi
na moju dušu puneći je mirom.
Mir! Mir! Predivan mir
što silazi od Oca odozgo!
Preplavi moj duh zauvijek, ja molim,
morem ljubavi bez dna!

Zlatne ulice prozirne kao staklo

Uđimo sada u veliki dvorac u središtu, hodajući zlatnim ulicama. Pri glavnom ulazu, stabla od zlata i dragulja s privlačnim plodovima od dragulja s obje strane ceste pružaju dobrodošlicu posjetiteljima. Posjetitelji zatim uzimaju plodove. Plodovi se tope u ustima i tako su slasni da se cijelo tijelo ispuni energijom i radošću.

Na obje strane zlatnih ulica raste cvijeće raznih boja i veličina i pozdravlja posjetitelje svojim mirisima. Iza njih je zlatni travnjak i mnoštvo raznovrsnog drveća koje nadopunjuje predivan vrt.

Cvijeće predivnih duginih boja djeluje kao da odražava svjetlost, a svaki cvijet ispušta svoj jedinstveni miris. Na nekim od cvjetova sjede kukci poput leptira raznih boja i razgovaraju. Na granama drveća nalazi se mnogo ukusnog i privlačnog voća. Razne vrste ptica perja zlatne boje sjede u krošnjama i pjevaju, što cijeli prizor ispunja mirom i srećom. Također su tu neke životinje koje mirnu šeću uokolo.

Automobil od oblaka i zlatna kočija

Sada stojite na drugim vratima. Kuća je tako velika da se nakon glavnih vrata nalaze još jedna vrata. Pred vašim očima nalazi se široko područje koje nalikuje garaži u kojoj se nalaze mnogi automobili od oblaka i zlatna kočija te ste zaprepašteni tim nevjerojatnom prizorom. Zlatna kočija ukrašena mnogim dijamantima i draguljima je samo za vlasnika kuće te je jednosjed. Kada se kreće, sjaji poput zvijezde padalice zbog mnoštva blještavih dragulja, a brzina joj je mnogo veća od brzine automobila od oblaka.

Automobil od oblaka okružen je čistim bijelim oblakom i predivnim svjetlima raznih boja, ima četiri kotača i krila. Vozilo se kreće na kotačima po tlu, a kada leti kotači se automatski uvlače i rašire se krila kako bi moglo slobodno letjeti.

Kakva je to čast i autoritet putovati mnogim nebeskim prostorima s Gospodinom u oblaku od automobila u pratnji nebeske vojske i anđela? Ako svaka osoba koja uđe u Novi Jeruzalem dobije automobil od oblaka, možete li zamisliti kakvu je nagradu primio vlasnik ove kuće budući da se u njegovoj kući nalaze brojni automobili?

Veliki dvorac u središtu

Kada pristignete u veliki i predivni dvorac vozeći se u automobilu od oblaka, možete vidjeti zgradu na tri kata s krovom od sarda. Ta zgrada je tako velika da se ne može usporediti ni sa kojom zgradom na zemlji. Čini se kao da se cijeli dvorac polako okreće, odražavajući briljantnu svjetlost i ta svjetla kao da ga ožive. Čisto zlato i jaspis odražavaju prozirnu zlatnu svjetlost plavkaste boje. Ipak, ne možete vidjeti kroz njega i djeluje poput skulpture bez spojeva. Zidovi i cvijeće oko zidova ispuštaju predivne mirise koji se ne mogu riječima opisati. Cvijeće razne veličine čini veličanstven prizor, a njihovi raznoliki oblici i mirisi čine savršenu kombinaciju.

Iz kojeg specifičnog razloga je Bog nekome providio takvo veliko područje i takvu ogromnu i predivnu kuću? Zato što Bog nikada ne zaboravlja ništa što njegova djeca učine za kraljevstvo i pravednost na zemlji i obilno ih blagoslivlja.

U svom ljubljenom
ponovo se i ponovo radujem.
On me toliko ljubio
da je dao sve.
Volio me više od
svojih roditelja i braće,
nije poštedio ni vlastite djece,
i smatrao je svoj život bezvrijednim
te ga predao meni.

Njegove su oči uvijek bile na meni.
U potpunosti je slušao moju riječ.
Tražio je samo moju slavu.
Bio je uvijek zahvalan
čak i kada je nepravedno trpio.
Čak je kroz progonstva
u ljubavi molio
za one koji su ga progonili.

Nikada nije nikoga zapostavio
čak i ako ga je izdao.
Vršio je svoje dužnosti s radošću,
čak i kada je bio suočen s nepodnošljivom tugom.
I spasio je mnoge duše
i u potpunosti ispunio moju volju
imajući moje srce.

Jer je ispunio moju volju
i toliko me ljubio,
pripremio sam mu
ovu veliku i raskošnu kuću
u Novom Jeruzalemu.

2. Veličanstveni dvorac s potpunom privatnošću

Kao što možete vidjeti, Božji je dodir svuda, posebno u kućama onih koji su ga posebno voljeli. Te kuće su različitog stupnja ljepote i svjetla slave od drugih, čak i drugih kuća u Novom Jeruzalemu.

Veliki dvorac u središtu je mjesto gdje vlasnik može uživati u potpunoj privatnosti. To je kompezacija za sva njegova djela i molitve u suzama koje je prolio kako bi ostvario Božje kraljevstvo te zato što se danju i noću brinuo za duše te nije imao privatnog života.

Osnovna struktura ovog dvorca je da se glavna kuća nalazi u središtu, a sam dvorac ima dva sloja zidova. Postoji dodatni zid u sredini između glavne kuće i vanjskog zida. Dakle, cijeli dvorac je podijeljen na unutarnji i vanjski. Unutarnji dio je od glavne kuće do središnjeg zida, a vanjski od središnjeg do vanjskog zida.

Dakle, da bismo došli do glavne kuće, moramo proći dvoja vrata; prva na vanjskom zidu, a zatim još jedna na zidu u sredini. Na vanjskom zidu su mnoga vrata, a ona koja se nalaze u ravnini ulaznih vrata kuće su glavna. Glavna vrata su ukrašena raznim dragim kamenjem i čuvaju ih dva anđela. Dva anđela imaju muška lica i djeluju jako snažno. Čak ni ne trepću dok su na straži i možemo osjetiti njihovo dostojanstvo.

S obje strane glavne ceste nalaze se veliki cilindrični stupovi. Zidovi su ukrašeni draguljima i cvijećem i tako su dugački da im se ne vidi kraja. Uz vodstvo anđela ulazimo kroz glavna vrata koja se otvaraju automatski te na nas zasja predivno, blještavo svijetlo. Tu je i zlatna cesta poput kristala koja se proteže izravno do glavnih vrata.

Dok hodamo zlatnom cestom, stižemo do drugih vrata. Ta se vrata nalaze na središnjem zidu koji razdvaja unutarnji dvorac od vanjskog. Kada prođemo kroz ta druga vrata, nailazimo na mjesto nalik ogromnom parkiralištu na zemlji. Tu su parkirani automobili nalik oblaku. Također je tu i zlatna kočija.

Glavna kuća ovog dvorca veća je od bilo koje građevine na zemlji. To je zgrada na tri kata. Svaki kat zgrade je cilindričnog oblika i površina svakog kata se smanjuje kako se penjemo s kata na kat. Krov je poput kupole u obliku lukovice.

Zidovi glavne kuće sagrađeni su od čistog zlata i jaspisa. Zato se od njih odražava plavkasto i prozirno zlatno svijetlo koje čini savršeni sklad. To svjetlo je tako jarko da se čini kao da je cijela kuća živa i miče se. Cijela zgrada odražava blješteće svijetlo i čini se kao da se lagao okreće. A sada, uđimo u veliki dvorac.

Dvanaestora vrata za ulaz u glavnu kuću dvorca

Glavna kuća ima dvanaestora ulazna vrata. Budući da je kuća jako velika, vrata su prilično udaljena jedna od drugih. Vrata imaju oblik luka i svaka imaju na sebi ugraviranu neku sliku ključa. Ispod slike ključa napisano je ima vrata nebeskom abecedom. Ta su slova ispisana u draguljima, a svaka vrata su ukrašena jednom vrstom dragulja. Ispod njih su objašnjenja kako i zašto su vrata dobila ime. Bog Otac je sažeo što je vlasnik te kuće učinio na zemlji i izrazio to kroz dvanaestora vrata.

Prva vrata su Vrata spasenja. Na njima je objašnjenje o tome kako je vlasnik postao pastir mnogih ljudi i mnoštvo ljudi diljem svijete doveo k spasenju. Uz Vrata spasenja, nalaze se Vrata Novog Jeruzalema. Ispod imena nalazi se objašnjenje da je vlasnik doveo mnoge duše u Novi Jeruzalem.

Sljedeća su Vrata sile. Prvo postoje četvora vrata za četiri stupnja sile, a zatim su vrata Sile stvaranja i Vrata najviše sile stvaranja. Ispod njih su objašnjenja kako je svaka vrsta sile iscijelila mnoge ljude i proslavila Boga.

Deveta su Vrata otkrivenja i na njima je objašnjenje kako je vlasnik primio mnoga otkrivenja i jasno pojašnjavao Bibliju. Deseta su Vrata postignuća. Ona služe na spomen postignućima poput gradnje Velikog svetišta.

Jedanaesta su Vrata molitve. Ona nam govore kako ovaj vlasnik molio unoseći u molitvu cijeli svoj život te ispunio Božju volju svojom ljubavlju prema Bogu te kako je bio žalostan nad dušama i molio za njih.

Zadnja, dvanaesta vrata imaju značenje Pobjede nad neprijateljem – Sotonom. Na njima je objašnjenje kako je vlasnik nadvladao sve s vjerom i ljubavlju kada mu je Sotona, koji je njegov neprijatelj, pokušao nauditi i baciti ga u očaj.

Posebni zapisi i dezeni na zidu

Zidovi sagrađeni od čistog zlata i jaspisa puni su dezena s zapisima i slikama koje odjekuju. Zapisan je svaki detalj o progonstvima i izrugivanja s kojima se vlasnik suočio zbog kraljevstva i svim djelima koja je učinio kako bi proslavio Boga. No još je više zapanjujuća činjenica da je sam Bog zapisao te stvari u obliku pjesme te slova sjaje predivnim blještavim svjetlom.

Ako uđete u dvorac nakon prolaska kroz jedna od ovih vrata, vidjet ćete predmete koji su znatno ljepši od onih vani. Sjaj dragulja se preklapa jedan preko drugoga nekoliko puta zbog čega se čine još ljepšima.

Natpisi o vlasnikovim suzama, pothvatima i trudu na zemlji urezani su i u zidove i također odražavaju blještavo svjetlo. Zapisi o njegovim noćnim molitvama za kraljevstvo Božje i čisto predanja samoga sebe kao žrtve koja se izlijeva za duše nalaze se tu u obliku pjesme te sjaje blještavim svjetlom.

„*Vidjeh Sveti grad, Novi Jeruzalem*"

Međutim, Bog je sakrio većinu zapisa kako bi ih on sam pokazao vlasniku kada stigne na ovo mjesto. Tome je tako da bi Bog mogao primiti njegovo srce koje proslavlja Oca dubokim osjećajima i suzama u trenutku kada mu pokaže zapise govoreći: „Pripremio sam ih za tebe."

Čak i u ovom svijetu kada nekoga vole, neki ljudi neprestano ispisuju ime te osobe. Pišu ga na papiriće ili u svoje dnevnike, na plaži ili čak rezbare u koru drveta ili urežu u kamenu. Ne znaju kako izraziti svoju ljubav pa jednostavno pišu ime osobe koju vole. Slično tome, postoji četvrtasti zlatni pladanj na koje su upisane samo tri riječi: Otac, Gospodin, ja. Vlasnik kuće nije mogao riječima izreći svoju ljubav prema Ocu i Gospodinu. Na taj je način prikazano njegovo srce.

Susreti i gozbe na prvom katu

Većinu vremena ovaj dvorac nije otvoren svima, ali otvoren je kada se u njemu održavaju gozbe ili balovi. Postoji velika prostorija u koju stane mnoštvo ljudi te se tu mogu održavati gozbe. To je također mjesto susreta na kojem vlasnik dijeli svoju radost, pruža ljubav i razgovara s gostima.

Ta dvorana je okrugla i tako velika da se ne može vidjeti s jednog kraja na drugi. Pod je nekakve bjelkaste boje i jako gladak. Ima mnogo dragulja i sjaji. U sredini dvorane je luster s tri razine što pridonosi dostojanstvu prostorije te se uz zidove može naći još zlatnih lustera različitih veličina koji pridonose ljepoti dvorane. Također, u sredini prostorije nalazi se okrugla pozornica i oko nje je u nekoliko redova posloženo mnogo stolova. Uzvanici zauzimaju određena im mjesta za stolovima i prijateljski razgovaraju.

Svi ukrasi unutar zgrade delikatni su i divni te su u skladu s ukusom vlasnika. Svaki dragulj ima na sebi Božji dodir i velika je čast biti pozvan na gozbu kod vlasnika ove kuće.

Tajne prostorije i prostorije za prijem na drugom katu

Na drugom katu ovog velikog dvorca nalaze se mnoge sobe i svaka od njih ima tajnu. Tajne će biti u potpunosti razotkrivene u nebu, a dodijeljene su prema vlasnikovim djelima. Jedna soba ima nebrojene krune različitih vrsta te nalikuje nekoj vrsti muzeja. Mnoge krune, među kojima su; zlatna kruna, kruna ukrašena zlatom, kristalna kruna, biserna kruna, kruna s cvjetnim ukrasom kao i mnoge druge ukrašene raznim draguljima tu su uredno posložene. Te se krune dodjeljuju svaki puta kada vlasnik postigne nešto za Božje kraljevstvo i na zemlji da slavu Bogu, a njihove različite veličine, oblici i ukrasi ukazuju na različite časti.

Također postoje velike prostorije koje služe kao ormari za odjeću ili se u njima čuvaju ukrasi od dragulja i za njih se posebno brinu anđeli.

Također postoji uredna četvrtasta soba bez ukrasa koja se zove Soba molitve. Ona je tu jer je vlasnik na zemlji puno molio. Nadalje, tu je soba s nekoliko televizijskih setova. Ta soba se zove Soba agonije i žalovanja i u njoj vlasnik može gledati događaje iz svog zemaljskog života kada god to poželi. Bog je sačuvao svaki trenutak iz vlasnikovog života jer je jako puno pretrpio u svojoj službi za Boga i prolio mnoge suze za duše.

Tu na drugom katu je također predivno ukrašeno mjesto

na kojem se primaju proroci gdje vlasnik može izražavati svoju ljubav i razgovarati s njima. Može se susresti s ljudima poput Ilije koji je otišao na nebo u vatrenim kočijama; Henokom koji je hodao s Bogom tristo godina; Abrahamom, koji je ugodio Bogu svojom vjerom; Mojsijem, koji je bio skromniji od bilo kojeg čovjeka na zemlji; uvijek strastvenim apostolom Pavlom i mnogim drugima te uživati u razgovorima s njima pričajući o okolnostima njihova života na zemlji.

Treći kat rezerviran za uživanje u ljubavi s Bogom

Treći kat velikog dvorca tako je čudesno ukrašen kako bi primio Gospodina i kako bi vlasnik tu uživao u ljupkim razgovorima s njim koliko god je to moguće. Ova mu je prostorija dodijeljena jer je vlasnik volio Boga više od svega drugoga na svijetu, nastojao mu što više nalikovati čitajući evanđelja te ljubio i služio druge kao što je Gospodin služio svoje učenike. Štoviše, poput Gospodina je molio u mnogim suzama i doveo mnoštvo duša na put spasenja primajući Božju snagu te na brojne načine pružio dokaze o živom Bogu. Kad god bi pomislio na Gospodina, niz lice bi mu potekle suze i proveo je mnoge besane noći jer mu je Gospodin toliko nedostajao. Također je poput Gospodina proveo mnoge noći u molitvi te dao sve od sebe kako bi u potpunosti ostvario Božje kraljevstvo.

Kako će biti sretan i radostan kada se susretne s Gospodinom licem u lice i kada će moći uživati u njegovoj ljubavi u Novom Jeruzalemu.

Mogu vidjeti svog Gospodina!

Mogu svjetlo njegovih očiju
staviti u svoje,
mogu njegov nježan osmjeh staviti u svoje srce
i sve mi je to tolika radost.

Moj Gospodine,
Koliko te volim!
Ti si sve vidio
i sve znaš.
Kakva je radost
reći ti koliko te volim.
Volim te Gospodine.
Toliko si mi nedostajao.

Razgovori s Gospodinom neće nikada postati dosadni ili naporni.

Bog Otac, koji je primio ovu ljubav, ukrasio je unutrašnjost trećeg kata ove kuće predivnim ukrasima i draguljima. Dotjeranost i raskoš ne mogu se ni opisati, a razina svjetla tu je posebna. Također, ako samo razgledate ovu kuću, možete osjetiti pravdu i nježnu ljubav Boga koji nas nagrađuje prema našim djelima.

3. Mjesta za razgledavanje na nebu

Čega još ima oko velikog dvorca? Da pokušam opisati svaki detalj ove kuće nalik dvorcu, imao bih dovoljno materijala za napisati knjigu. Oko dvorca se nalaze veliki vrt i raznolike zgrade koje su lijepo ukrašene i stoje u skladu. Zbog stvari poput bazena, zabavnog parka, raznih koliba i opere ova kuća djeluje poput turističke atrakcije.

Sve Božje nagrade su na temelju nečijih djela

Vlasnik ove kuće može imati sve te stvari zato što je na zemlji posvetio čitavo svoje tijelo, svoj um, svoje vrijeme i novac Bogu. Bog ga nagrađuje za sve što je učinio na zemlji, uključujući to da je doveo nebrojene duše na put spasenja i gradio Božju crkvu. Bog je više nego kadar dati nam, ne samo ono što molimo, već i ispuniti želje našeg srca. Vidimo da Bog može izraditi savršeniji i bolji nacrt za kuću od bilo kojeg arhitekta ili urbanista na zemlji te u isto vrijeme iskazati jedinstvo i različitost.

Na zemlji većinom možemo posjedovati sve što želimo samo ako imamo dovoljno novca. Ali na nebu tome nije tako. Kuću u kojoj živimo, odjeću, dragulje, krune pa čak i anđele koji nas poslužuju ne možemo kupiti. Oni su nam dani u skladu s mjerom naše vjere i vjernosti u Božjem kraljevstvu.

Kao što čitamo u Poslanici Hebrejima 8,5: *„Oni služe samo slici i sjeni nebeskih stvarnosti, kako je Bog podučio Mojsija kad se ovaj spremao da napravi šator..."*, ovaj svijet je samo sjena neba gdje možemo naći i većinu životinja, biljaka i ostale prirode. No priroda je mnogo ljepša nego na zemlji.

Istražimo onda vrt ispunjen mnoštvom cvijeća i biljaka.

Mjesta štovanja i Veliko svetište

Niže od dvorca prema centru nalazi se veliko unutarnje dvorište u kojem mnoštvo drveća i cvijeća čine predivan prizor.

Nebo II

S obje strane dvorca su dva mjesta štovanja u kojima ljudi s vremena na vrijeme mogu štovati Boga i davati mu slavu. Ta nebeska kuća, koja je nezamislivo velika, je poput slavne turističke atrakcije opremljena mnoštvom sadržaja. I budući da je potrebno toliko vremena da se ova golema kuća razgleda, postoje mjesta za štovanje na kojima se ljudi mogu odmoriti.

Slavljenje i obožavanje na nebu je sasvim drukčije od ovoga na kojeg smo naučeni na zemlji. Nismo vezani formalnostima, već možemo dati Bogu slavu novim pjesmama. Ako pjevamo o Gospodinovoj slavi ili Očevoj ljubavi, možemo se osvježiti i primiti puninu Duha Svetoga. Tada ćemo imati dublje osjećaje i biti ispunjeni zahvalnošću i radošću.

Uz dva svetišta, dvorac ima u potpunosti isti oblik kao određeno svetište koje je postojalo na zemlji. Tijekom boravka na zemlji vlasnik ovog dvorca dobio je od Gospodina zadatak da sagradi ogromno svetište i isto takvo je sagrađeno u Novom Jeruzalemu.

Baš kao David u Starom zavjetu, vlasnik ovog dvorca također je čeznuo za Božjim hramom. Postoje mnoge zgrade na ovom svijetu, ali ni jedna od njih ne prikazuje Božje dostojanstvo i slavu. Njemu je bilo žao zbog toga.

Imam je tako silan žar da sagradi svetište koje će biti samo za Boga Stvoritelja. Bog Otac prihvatio je tu čežnju njegova srca i u detalje mu pokazao oblik, veličinu, ukrase pa čak i unutrašnje strukture svetišta. Bilo je to nemoguće zamisliti ljudskim umom, ali on je djelovao isključivo na temelju vjere, nade i ljubavi i Veliko je svetište naposljetku konstruirano.

To svetište nije samo velika i veličanstvena zgrada. To su kristalizirane suze i energija onih koji zaista ljube Gospodina.

Kako bi se sagradilo to svetište, potrebno je upotrijebiti bogatstva ovog svijeta. Srca kraljeva moraju biti dotaknuta. A ono što je bilo najviše potrebno, je silno Božje djelo koje nadilazi ljudsku maštu.

Vlasnik ovog dvorca sam je nadvladao u tim teškim duhovnim bitkama kako bi zadobio takvu moć. Vjerovao je u Boga koji čini nemoguće mogućim svojom dobrotom, ljubavlju i poslušnošću. Neprestano je molio i kao rezultat toga sagradio je Veliko svetište kojeg je Bog radosno prihvatio.

Bog Otac je, znajući sve to, također sagradio reprodukciju tog svetišta u dvorcu te osobe. Naravno, Veliko svetište u nebu sagrađeno je od zlata i dragulja koji su neusporedivo ljepši materijali od onih na zemlji, iako je oblik svetišta isti.

Koncertna dvorana nalik Sidneyskoj operi

U ovom dvorcu nalazi se koncertna dvorana koja nalikuje Sidneyskoj operi. Postoji razlog zašto je Bog Otac sagradio takvu dvoranu u ovom dvorcu. Dok je vlasnik dvorca bio na zemlji, okupio je organizirao mnoge timove za slavljenje razumjevši Božje srce koje uživa u slavljenju. I uvelike je proslavljao Boga Oca kroz predivne i graciozne kršćanske izvođače.

To nije bio samo nešto izvanjsko; dobra tehnika i vještina. Vodio je izvođače na duhovan način kako bi slavili Boga s iskrenom ljubavi iz dubine svojih srca. Podigao je mnoge izvođače koji su mogli Bogu dati slavu kakvu on zaista prihvaća. Zbog toge je Bog Otac sagradio predivnu dvoranu kako bi ti izvođači mogli u dvorcu slobodno pokazati svoje vještine prema želji svog srce.

Kada fontane bacaju u zrak vodu iz jezera, kapljice vode

padaju i sjaje poput dragulja. Dvorana ima sjajnu pozornicu ukrašenu mnogim raznovrsnim draguljima te mnogo sjedala koje čekaju publiku. Tu će nastupati anđeli u predivnim kostimima. Ti anđeli će plesati u haljinama na kojima će se prelijevati boje i odsjaji dragulja kao na krilima vilin konjica. Svaki njihov pokret je divan i besprijekoran. Sviraju tako divne i slatke melodije sofisticiranom vještinom i tehnikom.

No, iako su anđeli tako vješti, miris koji se širi kroz njihovo slavljenje i ples je drukčiji nego onaj Božje djece. Božja djeca gaje duboku ljubav i zahvalnost prema Bogu u svojim srcima. Iz srca koja su kroz proces oblikovanja i obnove postala divna širi se miris koji može dotaknuti Boga Oca.

Djeca Božja čija je dužnost slaviti Boga na zemlji će i na nebu imati mnoštvo prilika slaviti ga. Ako voditelj slavljenja dođe u Novi Jeruzalem, on ili ona mogu nastupati u ovoj dvorani koja nalikuje Sidneyskoj operi. Izvedbe iz te dvorane se ponekad uživo prenose u sva prebivališta u nebu. Zato je velika čast barem jednom stati na pozornicu u ovoj dvorani.

Most od oblaka obojan duginim bojama

Rijeka života srebrnog sjaja teče kroz cijeli dvorac jer ga okružuje. Ona izvire iz Božjeg prijestolja i teče oko Gospodinovog dvorca i dvorca Duha Svetoga, Novog Jeruzalema te Trećeg, Drugog i Prvog kraljevstva nebeskog i Raja te se vraća natrag Božjem prijestolju.

Ljudi razgovaraju s ribama raznih divnih boja dok sjede na zlatnom ili srebrnom pijesku ne jednoj od obala rijeke života. Na obje obale nalaze se zlatne klupe i stabla života. Dok sjedite na zlatnim obalama dovoljno da je samo pomislite kako voće djeluje ukusno, i anđeli će vam ga donijeti u cvjetnoj košari i ljubazno vam ga poslužiti.

Također se tu uz rijeku života nalaze prekrasni mostovi od oblaka u obliku luka. Dok šećete tim mostom obojanim duginim bojama i gledate rijeku života koja teče polako ispod njega, osjećate se tako divno kao da letite po nebu ili hodate po vodi.

S druge strane rijeke života nalazi se vanjsko dvorište s mnoštvom cvijeća i zlatnim travnjakom i tu se osjećate pomalo drukčije nego u unutarnjem dvorištu.

Zabavni park i cvjetna cesta

Prelaskom preko mosta od oblaka dolazite do zabavnog parka s mnoštvom zabavnih aktivnosti i vožnji raznim vlakovima kakve niste nikada vidjeli niti čuli za njih. Čak niti veliki zabavni parkovi ovog svijeta poput Disneylanda ne mogu se usporediti s ovim zabavnim parkom. Kroz park prolaze vlakići od kristala; gusarska pošiljka s mnoštvom dragulja i zlata se kreće amo tamo, okreće se vrtuljak s veselom melodijom i veliki roller coaster pruža krajnje uzbuđenje onima koji se voze u njemu. Kad god krene neki od tih vlakića, vrtuljaka ili drugih pokretnih atrakcija, upale se višeslojna svjetla. Sam boravak tamo ispunjava vas festivalskim raspoloženjem.

Na jednoj strani vanjskog dvorišta nalazi se beskrajna cvjetna cesta koja je u cijelosti prekrivena cvijećem tako da možete hodati po cvijeću. Nebesko tijelo je tako lagano da ne osjećate težinu i cvijeće ne biva zgaženo ako hodate po njemu. Kada hodate po širokoj cvjetnoj cesti i udišete divan miris cvijeća, ono zatvara svoje latice kao da se srami i zatim radi valove ponovo ih šireći. To je posebna dobrodošlica i pozdrav. U nebu, kao i u bajkama, cvjetovi imaju lica i mogu razgovarati.

Bit ćete potpuno ushićeni što možete hodati po cvijeću i uživati u njegovom mirisu. A cvijeće je sretno i zahvaljuje vam što hodate po njemu. Kada lagano zakoračite na njega, ispušta još više mirisa. Svaki cvijet ima svoj miris, i mirisi se svaki puta drukčije miješaju tako da svaki puta kada šećete po cvjetnoj cesti možete imati drukčiji ugođaj. Cvjetne su ceste razastrte posvuda poput predivne slike te pridonose ljepoti kuće. Slično tome, kuća jedne osobe je ogromna i čini se kako ima bezgranično mnogo sadržaja.

Velika ravnica na kojoj se mirno igraju životinje

Preko puta cvjetne ceste nalazi se velika, široka ravnica na kojoj se nalaze mnoge životinje koje možete vidjeti i na zemlji. Naravno, i na drugim mjestima se mogu vidjeti životinje, ali ovdje se nalaze skoro sve vrste životinja, osim onih koje se protive Bogu kao što su zmajevi. Prizor pred vašim očima podsjeća vas na ogromnu savanu u Africi. Te životinje nemaju svoja područja i slobodno se igraju iako nema nikakve ograde. Veće su od životinja na zemlji, imaju žarkije boje i jače sjaje. Među njima više ne vlada zakon džungle.

Sve su životinje pitome: čak i lavovi koje nazivamo životinjskim kraljevima nisu agresivni, već sasvim pitomi, a njihova zlatna krzna su tako ljupka. Također, u nebu možete slobodno razgovarati sa životinjama. Možete li zamisliti uživanje u veličanstvenoj prirodi dok trčite po velikoj ravnici ili jašete na lavu li slonu? To nije nešto na što nailazimo samo u bajkama, već i privilegija dana onima koji su spašeni i zaposjednu nebo.

Privatna koliba i zlatna stolac za odmor

Budući da je ova kuća poput turističke atrakcije u nebu u kojoj mnogi uživaju, Bog je vlasniku dao kolibu za privatnu upotrebu. Ona je smještena na brežuljku s predivnim pogledom i ima krasne ukrase. Ne može svatko ući u nju jer je za privatnu upotrebu. Vlasnik se u njoj odmara sam ili je koristi kako bi tu primio proroke poput Ilije, Henoka, Abrahama ili Mojsija.

Također postoji još jedna koliba sagrađena od kristala i, za razliku od drugih zgrada, ona je prozirna. No, ne možete vidjeti njezinu unutrašnjost iz vana i ulaz je zabranjen. Na krovu te kolibe nalazi se rotirajući zlatni stolac. Kada vlasnik sjedi u tom stolcu, može vidjeti cijelu kuću jednim pogledom koji nadilazi vrijeme i prostor. Bog je stvorio taj stolac posebno za vlasnika te kuće kako bi mogao osjetiti radost gledajući tolike ljude koji posjećuju njegovu kuću ili se jednostavno odmarati.

Brdo prisjećanja i cesta promišljanja

Cesta promišljanja, pored koje se nalaze stabla života, tako je mirna kao da je na njoj vrijeme stalo. Svaki puta kada vlasnik zakorači njome, mir proizlazi iz dubine njegova srca i on se prisjeća vremena na zemlji. Ako razmišlja o suncu, mjesecu i zvijezdama, iznad njegove glave se pojavi veliki ekran na kojem se vide sunce, mjesec i zvijezde. U nebu svjetlost sunca, mjeseca i zvijezda nije potrebna jer je cijelo mjesto okruženo svjetlom

Božje slave, ali taj ekran je tu za njega kako bi se prisjećao zemlje. Također postoji mjesto koje se zove brdo prisjećanja i ono oblikuje veliko selo. Tu vlasnik može ponovo gledati svoj život na zemlji. Može vidjeti replike kuće u kojoj je rođen, škola koje je pohađao, gradova u kojima je živio, mjesta na kojima se suočio s kušnjama i nevoljama, mjesta na kojem se po prvi puta susreo s Bogom te svetišta koja je sagradio nakon što je postao službenik i sve je to posloženo prema kronološkom redu.

Iako su materijali ovdje drukčiji od onih na zemlji, stvari iz njegovog zemaljskog života su savršeno replicirane kako bi ljudi mogli jasno osjetiti tragove njegova zemaljskog života. Kako je čudesna Božja nježna i profinjena ljubav.

Vodopadi i more s otocima

Dok nastavljate šetati cestom promišljanja, iz daljine možete čuti glasan i jasan zvuk. To je zvuk koji dolazi od vodopada raznih boja. Kada vodopad širi svoj mlaz, predivni dragulji na njegovom dnu sjaje žarkim bojama. Predivan je prizor vidjeti veliki vodeni tok kako se s vrha spušta tri razine prema dolje i utječe u rijeku života. Tu su dragulji koji sjaje dvostrukim ili trostrukim svijetlom s obje strane vodopada te blješte takvim čudesnim sjajem zajedno s mlazom vode. Samo gledajući taj prizor osjećate se osvježeno i puni energije.

Pri vrhu vodopada također se nalazi paviljon s kojeg ljudi mogu vidjeti taj krasan prizor ili se odmarati. Možete u cijelosti vidjeti nebesku kuću, a pogled je tako veličanstven i divan da ga se ne može prikladno opisati ovozemaljskim riječima.

Iza dvorca se nalazi veliko more s otocima raznih veličina.

Kristalno čista voda sjaji kao da su po njoj posipani dragulji. Također je predivno vidjeti ribe kako plivaju u čistom moru, i na iznenađenje svih, kuće od žada koje se nalaze ispod površine. Na ovom svijetu čak ni najbogatiji ljudi ne mogu imati kuću pod morem.

Međutim, budući da je nebo svijet s četiri dimenzije u kojem je sve moguće, u njemu se nalaze nebrojene stvari koje mi ne možemo razumjeti niti zamisliti.

Divovska krstarica nalik Titaniku i kristalni brod

Na otocima u moru raste raznovrsno cvijeće, pjevaju ptice te se tu nalazi drago kamenje koje upotpunjuje krajobraz. Tu se odvijaju natjecanja u jedrenju na dasci i vožnji kanua koja privlače mnoge stanovnike neba. Na laganim valovima mora nalazi se brod nalik Titaniku na kojem se nalaze mnogi sadržaji kao što su bazeni, kazališta, dvorane za gozbe i sl. Ako se nalazite na kristalnom brodu, osjećate se kao da hodate po vodi, a također možete vidjeti i osjetiti ljepotu podmorja iz podmornice oblika lopte za ragbi.

Kako bi super bilo biti na brodu nalik Titaniku, kristalnom brodu ili podmornici; pa makar samo jedan dan. No, budući da je nebo mjesto vječnosti, možete uživati u ovim stvarima zauvijek samo ako imate preduvjete za ulazak u Novi Jeruzalem.

Mnogi sportski i rekreativni sadržaji

Tu su također sportski i rekreativni sadržaji poput terena za golf, kuglane, bazena, teniskog terena, odbojkaškog i košarkaškog terena i drugih. Oni su dani kao nagrade jer je vlasnik mogao uživati u tim sportovima, ali nije jer je posvetio sve svoje vrijeme Božjem kraljevstvu.

U kuglani koja je sagrađena od zlata i dragulja te ima oblik čunja, kugle i čunjevi su od zlata i dragulja. Ljudi igraju u skupinama od tri ili pet i ugodno se provode navijajući jedni za druge. Kugla se ne čini teškom, za razliku od onih na zemlji te se lako otkotrlja čak i ako je samo lagano gurnete. Kada se čunjevi sruše, upale se blještava svjetla i čuje jasan, divan zvuk.

Na golf terenu izgrađenom na zlatnom travnjaku, trava uzmiče kako bi se loptica mogla otkotrljati. Kada se trava spušta poput domina, djeluje poput zlatnih valova. U Novom Jeruzalemu čak je i travnjak poslušan srcu svog gospodara. Nadalje, nakon što je rupa osvojena, spušta se oblak i prenosi svog gospodara do drugog terena. Kako je to čudesno!

Ljudi se također odlično zabavljaju u bazenu. Budući da se na nebu nitko ne može utopiti, čak i oni koji na zemlji nisu znali plivati ovdje plivaju sasvim prirodno. Nadalje, voda ne natapa odjeću, već jednostavno sklizne s nje kao rosa s lista. Ljudi mogu uživati u plivanju u bilo koje doba jer mogu plivati u odjeći.

Jezera raznih veličina i fontane u vrtu

Mnoštvo je jezera raznih veličina u velikoj, širokoj, nebeskoj kući. Kada ribe šarenih boja mahnu svojim perajama kao da plešu kako bi ugodile Božjoj djeci, čini se kao da im iskazuju svoju ljubav. Također možete vidjeti kako ribe mijenjanju boju. Riba koja maše svojim srebrnim perajama može odjednom promijeniti svoju boju u bisernu.

Postoje brojni vrtovi i svaki ima svoje ime u skladu sa svojom jedinstvenom ljepotom i karakteristikama. Tu ljepotu nije moguće prikladno opisati jer se na svakom listu može vidjeti Božji dodir.

Fontane su također različite u skladu s drukčijim karakteristikama svakog vrta. Općenito fontane šikljaju vodu, ali postoje i one koje ispuštaju različite mirise i boje. To su novi i dragocjeni mirisi koje ne možete iskusiti na zemlji, kao što je miris izdržljivosti koji se širi iz bisera, mirisi truda i strasti koje ispušta sard, mirisi požrtvovnosti i vjernosti te mnogi drugi. U središtu fontane koja šiklja vodu u zrak nalaze se natpisi i crteži koji objašnjavaju značenje svake fontane i razlog njezina stvaranja.

Nadalje, tu su mnoge druge zgrade i posebna mjesta u toj kući nalik dvorcu, ali na žalost nemoguće je sve njih detaljno opisati.

Važno je znati da ništa nije dano bez razloga već je sve nagrada za ono što je osoba učinila za kraljevstvo i pravednost tijekom svog života na zemlji.

Velika je naša nagrada na nebu

Do sada ste već shvatili da je ova nebeska kuća prevelika da bismo je mogli zamisliti. Veliki dvorac s potpunom privatnošću sagrađen je u središtu, a tu su još mnoge druge zgrade i sadržaji te veliki vrtovi koji ih okružuju te je ova kuća poput turističke atrakcije na nebu. Sigurno ste iznenađeni činjenicom da je ova ogromna kuća sagrađena samo za jednu osobu koja je živjela na zemlji.

Iz kojeg je, dakle, razloga Bog pripremio tako veliku kuću koja je poput velikog grada? Pogledajmo Evanđelje po Mateju 5,11-

12:

„Blago vama kad vas budu grdili i progonili u kad vam zbog mene budu pripisivali svaku vrstu opačine! Radujete se i kličite od veselja, jer vas čeka velika nagrada na nebesima. Ta tako su progonili i proroke koji su živjeli prije vas!"

Koliko je apostol Pavao pretrpio za kraljevstvo Božje? Pretrpio je nevjerojatne nevolje i progonstva kako bi propovijedao Isusa, Spasitelja pogana. Iz Druge poslanice Korinćanima 11,23 možemo vidjeti kako je jako naporno radio za Božje kraljevstvo. Pavao je bio u zatvoru, šiban i u smrtnim opasnostima dok je propovijedao evanđelje.

No, Pavao nikada nije prigovarao ili se bunio, već se radovao kao što mu zapovijeda Božja riječ. Naposljetku, vrata svjetske misije poganima otvorena su kroz Pavla. Stoga je on sasvim prirodno ušao u Novi Jeruzalem kako bi primio čast koja sjaji poput sunca u Novom Jeruzalemu.

Bog jako voli one koji naporno rade i koji su vjerni te čak žrtvuju svoje živote te ih blagoslivlja i nagrađuje mnogim stvarima na nebu.

Grad Novi Jeruzalem nije rezerviran za neku specifičnu osobu, već svatko tko se žrtvuje kako bi njegovo srce nalikovalo Božjem i ispuni svoju dužnost može ući i živjeti u njemu.

Molim u ime Isusa Krista da možete postići da vaše srce bude poput Božjeg kroz žarku molitvu i Božju riječ te u potpunosti ispuniti svoje dužnosti kako biste mogli ući u novi Jeruzalem i priznati mu u suzama: „Zahvalan sam na toj velikoj ljubavi Očevoj!"

Deveto poglavlje

Prva gozba u Novom Jeruzalemu

1. Prva gozba u Novom Jeruzalemu
2. Prvorangirana grupa proroka u nebu
3. Predivne žene u Božjim očima
4. Marija Magdalena boravi blizu Božjeg prijestolja

„Stoga, tko god prekrši i jednu od ovih i najmanjih zapovijedi i nauči druge da tako rade, bit će najmanji u kraljevstvu nebeskom; dok će onaj koji ih bude vršio i naučavao biti velik u kraljevstvu nebeskom."

- Evanđelje po Mateju 5,19 -

Sveti grad Novi Jeruzalem mjesto je gdje je Bog smjestio svoje prijestolje. Tu su također kuće onih ljudi koji su, među bezbrojnim drugima na zemlji, postigli da njihovo srce bude čisto kao kristal. Život u Novom Jeruzalemu s Trojedinim Bogom ispunjen je nezamislivom ljubavlju, osjećajima, srećom i radošću. Ljudi uživaju u beskrajnoj sreći pohađajući službe slavljenja i obožavanja i gozbe te u nježnim razgovorima jedni s drugima.

Ako sudjelujete na gozbi koju priređuje sam Bog, možete gledati razne izvedbe te uživati dijeleći ljubav s nebrojenim ljudima iz različitih predjela neba.

Trojedini Bog, koji je završio proces ljudske obnove kroz trpljenje, sretan je i raduje se zajedno sa svojom ljubljenom djecom.

Bog ljubavi otkrio mi je detalje života u Novom Jeruzalemu koji je pun neopisivih osjećaja. Mogao sam nadvladati zlo dobrim i ljubiti svoje neprijatelje čak i kada sam bezrazložno trpio jer je moje srce ispunjeno nadom u Novi Jeruzalem.

Istražimo sada malo više što znači „postići Božje srce" koje je čisto i bistro poput kristala kroz scenu iz prve gozbe koja će se održati u Novom Jeruzalemu.

1. Prva gozba u Novom Jeruzalemu

Kao i na zemlji, na nebu se održavaju gozbe i kroz njih možemo prilično dobro razumjeti život na nebu. Te su gozbe časna mjesta na kojima samo jednim pogledom možemo uvidjeti bogatstvo i ljepotu neba i uživati u njima. Ljudi na zemlji se posebno dotjeraju ako idu na gozbu kod predsjednika neke zemlje te jedu, piju i uživaju. Isto tako su gozbe na nebu ispunjene divnom glazbom, plesom i veseljem.

Divan zvuk slavljenja iz dvorane

Svečana dvorana za gozbe u Novom Jeruzalemu je ogromna. Ako uđete unutra, ne možete joj vidjeti kraja, a predivan zvuk glazbe pridonosi raspoloženju.

Čudesno je svjetlo
što postoji od prije početka vremena.
On sjaji na sve
svojim iskonskim svjetlom.
Rodio je svog Sina
i stvorio anđele.

Njegova je veličanstvena slava
visoko iznad neba i zemlje.
Predivna je njegova milost
koju je pružio prema nama.
On je rastvorio svoje srce
i stvorio svijet.
Slavite njegovu veliku slavu svojim malenim usnama,
slavite Gospodina
koji prima slavu i raduje se.
Uzdignite njegove sveto ime
i slavite ga zauvijek!

Njegovo je svjetlo čudesno
i dostojno slavljenja.

Čist i elegantan zvuk slavljenja topi se u duhu, uzbuđuje ga i pruža mu mir nalik onome kakvog osjeća dijete na grudima majke.

Velika vrata svečane dvorane za gozbe boje bijelog dragog kamena ukrašena su nebeskim cvijećem raznih oblika i boja i na njima su izrezbareni predivni uzorci. Možete vidjeti da je Bog Otac u svojoj nježnoj ljubavi prema djeci čak i ovakve male stvari pripremi do najmanjeg detalja. Tako je u svakom kutku Novog Jeruzalema.

Prolazak kroz vrata boje bijelog dragog kamena

Nebrojeni ljudi prolaze kroz velika, predivna vrata svečane dvorane hodajući u redu tako da prvi ulaze oni koji žive u Novom Jeruzalemu. Nose zlatne krune koje su više od kruna stanovnika drugih predjela neba te odražavanju nježno, sjajno svjetlo. Njihova odjeća je od materijala laganog i nježnog poput svile te zanosi naprijed, nazad.

Haljine su ukrašene zlatom i raznim draguljima te sjajnim vezom od dragulja na vratu i rukavima. Dragulji i uzorci se razlikuju na temelju nečije nagrade. Ljepota i čast stanovnika Novog Jeruzalema se sasvim razlikuje od one stanovnika drugih predjela neba.

Za razliku od stanovnika Novog Jeruzalema, ljudi iz dugih predjela neba moraju proći kroz određeni proces kako bi mogli sudjelovati na gozbi u Novom Jeruzalemu. Ljudi iz Trećeg,

Drugog i Prvog kraljevstva nebeskog i Raja moraju promijeniti svoju odjeću i odjenuti posebne haljine za Novi Jeruzalem.

Budući da se svjetlo nebeskih tijela razlikuje ovisno o predjelu neba iz kojeg dolaze, ljudi moraju posuditi prikladnu odjeću kako bi posjetili prebivalište više razine od one u kojoj žive. Zato postoje posebna mjesta za preodijevanje. U Novom Jeruzalemu mnoštvo je haljina i anđeli pomažu ljudima da se preodjenu. No oni iz Raja, iako je takvih malo, se moraju odijevati sami bez pomoći anđela. Oni koji se preodijevaju iz svojih haljina u haljine Novog Jeruzalema su duboko taknuti tom odjećom. Još uvijek im je žao jer nose odjeću koja nije baš prikladna.

Ljudi iz Trećeg, Drugog i Prvog kraljevstva nebeskog i Raja moraju se preodjenuti i pokazati svoje pozivnice anđelima koji stoje na vratima svečane dvorane kako bi mogli ući u nju.

Velika i sjajna svečana dvorana

Kada vas anđeli uvedu u svečanu dvoranu, jednostavno ste preplavljeni zbog njezinog sjaja, veličine i veličanstvenosti. Pod dvorane sjaji bojom bijelog mramora vez ikakve mrlje i na svakoj strani je mnoštvo stupova. Okrugli stupovi su prozirni poput stakla, a unutrašnjost je ukrašena raznovrsnim draguljima što pridonosi jedinstvenoj ljepoti. Kita cvijeća visi sa svakog stupa kako bi pridonijela raspoloženju i kvaliteti gozbe.

Kako ćete sretni biti ako budete pozvani na gozbu u svečanu dvoranu s podom od bijelog mramora i sjajnog kristala! Koliko će tek biti lijepa nebeska svečana dvorana sagrađena od raznih dragulja!

Prva gozba u Novom Jeruzalemu

Na prednjoj strani svečane dvorane Novog Jeruzalema nalaze se dvije pozornice koje pridonose osjećaju svečanosti te ostavljaju na vas dojam kao da se nalazite na krunidbi nekog kralja iz davnine. U središtu najviše pozornice nalazi se veliko prijestolje od bijelog kamena namijenjeno Bogu Ocu. Desno od tog prijestolja nalazi se prijestolje Gospodinovo, a lijevo se nalazi prijestolje za počasnog gosta prve gozbe. Ta su prijestolja okružena blještavim svjetlima te su vrlo visoka i veličanstvena. Na nižoj pozornici nalaze se mjesta za proroke prema nekom nebeskom statusu koji odražava veličanstvo Boga Oca.

Ova je svečana dvorana tako velika da u nju stanu bezbrojni stanovnici neba koji su pozvani na gozbu. Na jednoj strani dvorane nalazi se nebeski orkestar kojim ravna arhanđeo. Taj orkestar svira nebesku glazbu koja pridonosi sreći, radosti i veselju ne samo tijekom gozbe, već i prije njezinog početka.

Anđeli vode uzvanike na njihova mjesta

One koji su ušli u svečanu dvoranu anđeli vode do mjesta koja su predodređena za njih. Ljudi iz Novog Jeruzalema sjede naprijed, zatim su iza njih ljudi iz Trećeg, Drugog i Prvog kraljevstva nebeskog i Raja.

Oni iz Trećeg kraljevstva nebeskog također nose krune koje su sasvim drukčije od kruna stanovnika Novog Jeruzalema i na desnu stranu krune moraju staviti okrugle maske kako bi ih se moglo razlikovati od stanovnika Novog Jeruzalema. Oni iz Drugog i Prvog kraljevstva nebeskog moraju staviti okrugli znak na lijevu stranu prsa kako bi ih se automatski razlikovali onih iz Trećeg kraljevstva nebeskog ili Novog Jeruzalema. Ljudi iz

Drugog i Prvog kraljevstva nebeskog nose krune, no oni iz Raja nemaju nikakvih kruna.

Uzvanici ove gozbe odlaze na svoja mjesta i čekaju ulazak Boga Oca, domaćina ove gozbe, dok ustreptalih srca popravljaju svoju odjeću. Kada zatrubi truba da najavi ulazak Boga Oca, svi ljudi u svečanoj dvorani ustaju kako bi primili svog domaćina. U tom trenutku, oni koji nisu pozvani na gozbu, mogu je gledati putem prijenosa uživo u svojim nebeskim prebivalištima.

Otac ulazi u dvoranu uz zvuk trube

Na zvuk trube u dvoranu će prvo ući arhanđeli koji prate Boga Oca, a zatim njegovi ljubljeni praočevi vjere. Sada su svi spremni za doček Boga Oca. Ljudi željno iščekuju vidjeti Boga Oca i Gospodina te usmjeravaju svoj pogled prema naprijed.

Napokon, ulazi Bog Otac uz sjajno, blještavo svjetlo. Djeluje veličanstveno i dostojanstveno, ali u isto vrijeme nježno i sveto. Njegova lagano valovita kosa sjaji zlatnim sjajem, a iz lica se odražava svjetlo koje je tako sjajno da ljudi ne mogu držati oči u potpunosti otvorenima.

Kada Otac dođe do svog prijestolja, nebeske vojske i anđeli, proroci koji su čekali na pozornici i svi uzvanici na gozbi pognu svoje glave i štuju ga. Takva je velika čast vidjeti uživo Boga, Stvoritelja i Vladara. Kojeg li radosnog i emocionalnog trenutka! Međutim, ne mogu ga svi gosti vidjeti. Ljudi iz Raja, Prvog i Drugog Kraljevstva ne mogu podići svoje oči zbog svjetla koje im je previše sjajno. Njima se samo niz lice slijevaju suze radosnice jer su taknuti i zahvalni što uopće mogu prisustvovati gozbi.

Gospodin predstavlja počasnog gosta

Nakon što Bog Otac sjedne na svoje prijestolje, ulazi Gospodin vođen lijepim, elegantnim arhanđelom. Nosi sjajnu, visoku krunu te je odjeven u dugačak bijeli plašt. Djeluje dostojanstveno i pun veličanstva. Gospodin se prvo iz pristojnosti pokloni Bogu Ocu, a zatim prima štovanje anđela, proroka i svih drugih ljudi te im se nasmiješi. Bog Otac koji sjedi na prijestolju zadovoljan je gledajući sve uzvanike na gozbi.

Gospodin odlazi na podij, predstavlja počasnog gosta prve gozbe te objašnjava sve detalje njegove službe koja je pomogla dovršiti proces ljudskog oblikovanja i obnove. Neki od prisutnih uzvanika se pitaju tko je taj gost, a oni koji znaju s velikim iščekivanjem pozorno prate Gospodinove riječi.

Gospodin konačno završava svoj govor objašnjavajući koliko je ovaj čovjek ljubio Boga Oca, koliko se trudio da spasi mnoge duše i kako je u potpunosti ispunio Božju volju. Bog Otac je tada preplavljen radošću te ustaje kako bi izrazio dobrodošlicu počasnom gostu prve gozbe poput Oca koji dočekuje svog sina koji se vraća kući nakon postignutog uspjeha ili kralja koji dočekuje pobjedonosnog generala. Trube u svečanoj dvorani ispunjenoj iščekivanjem i drhtanjem se još jednom oglase i u nju ulazi počasni gost u velikom sjaju.

On nosi visoku i veličanstvenu krunu i dugački bijeli plašt poput Gospodinova. Također djeluje dostojanstveno, ali ljudi mogu osjetiti njegovu nježnost i milosrđe koji se šire s njegova lica koje nalikuje Očevom.

Kada počasni gost prve gozbe uđe u dvoranu, uzvanici ustaju i

Nebo II

navijaju dižući svoje ruke kao da rade valove na utakmici. Okreću se jedni prema drugima, raduju i grle. Primjerice, na finalu Svjetskog prvenstva u nogometu, kada lopta prijeđe liniju gola, svi se navijači zemlje pobjednice prisutni na utakmici ili oni koji gledaju prijenos kod kuće raduju, grle jedni druge, daju pet jedan drugome i tome slično. Slično tome je svečana dvorana u Novom Jeruzalemu ispunjena radošću i usklicima.

2. Prvorangirana grupa proroka u nebu

Što nam je specifično činiti kako bismo postali stanovnici Novog Jeruzalema i prisustvovali prvoj gozbi? Ne samo da moramo prihvatiti Isusa Krista i primiti Duha Svetoga kao dar, već i roditi devet plodova Duha Svetoga i imati srce koje nalikuje Božjem srcu koje je čisto i bistro poput kristala. Nebeski se poredak određuje prema stupnju posvećenja i sličnosti s Božjim srcem.

Tako i na prvoj gozbi u Novom Jeruzalemu proroci ulaze prema nebeskom statusu kada Bog Otac uđe u dvoranu. Proroci višeg stupnja ili drugi praočevi vjere su na najvišoj razini i mogu stajati najbliže Božjem prijestolju. Slično tome, budući da na nebu vlada poredak prema rangu i položaju, moramo nalikovati Božjem srcu da bismo bili bliže njegovom prijestolju.

Razmotrimo kakvo je to srce čisto poput kristala i nalik Božjem srcu i kako mu možemo u potpunosti nalikovati. Učinit ćemo to kroz primjere iz prvorangirane skupine proroka u nebu.

Ilija je uzdignut, a da nije vidio smrti

Od svih ljudi oblikovanih na zemlji, najviše rangirani je Ilija. Kroz zapise u Bibliji možete vidjeti kako je svaki aspekt njegova života svjedočio o živom Bogu, jedinom pravom Bogu. On je bio prorok u vrijeme kralja Ahaba u sjevernom izraelskom kraljevstvu gdje je idolopoklonstvo uzelo maha. Suočio se sa osamsto pedeset proroka koji su štovali idole (Varaždinska Biblija kao i engleski prijevodi Biblije spominje 450 Balovih proroka i 400 Ašerinih proroka, dok prijevod Kršćanske sadašnjosti govori samo o 450 Balovih proroka – op. prev.) i pozvao vatru s neba. Također je izmolio obilnu kišu nakon tri i pol godine suše.

„Ilija je bio čovjek koji je patio kao i mi; usrdno je molio da ne bude kiše, i nije pala na zemlju tri godine i šest mjeseci. Zatim je ponovo molio, pa je nebo dalo kišu, i zemlja je donijela svoj rod" (Jk 5,17-18).

K tome, kroz Ilijino djelovanje, brašno u ćupu i malo ulja u vrču trajalo je sve do kraja suše i gladi. Oživio je udovičinog mrtvog sina i podijelio rijeku Jordan. Na kraju je, uhvaćen u vihoru unesen na nebo (2 Kr 2,11).

Kako je Ilija, koji je bio čovjek kao i mi, mogao učiniti tako silna djela pa čak i izbjeći smrt? Zato što je postigao srce koje je čisto i bistro poput kristala i nalikuje Bogu, a sve to kroz mnoge nevolje i kušnje s kojima se susreo u svom životu. Ilija se u potpunosti, bez obzira na okolnosti, pouzdao u Boga i uvijek mu bio poslušan.

Kada mu je Bog to zapovjedio, prorok je otišao pred kralja

Ahaba koji ga je pokušavao ubiti i pred njim i mnogim ljudima koji su bili prisutnima izjavio kako je Jahve jedini pravi Bog. Upravo je zato i na taj način primio takvu Božju silu i moć, kako bi proslavio Boga i na kraju zauvijek uživao u časti i slavi.

Henok je hodao s Bogom tristo godina

Što je s Henokom? Kao i Ilija, Henok je bio uznesen na nebo i nije vidio smrti. Iako Biblija ne govori puno o njemu, možemo vidjeti koliko je on nalikovao Božjem srcu.

„*Kad je Henoku bilo šezdeset i pet godina, rodi mu se Metušalah. Henok je hodio s Bogom. Po rođenju Metušalahovu, Henok je živio trista godina, te mu se rodilo još sinova kćeri. Henok poživje u svemu, trista i šezdeset pet godina. Henok je hodio s Bogom, potom iščeznu. Bog ga uze*" (Post 5,21-24).

Henok je počeo hodati s Bogom u dobi od šezdeset i pet godina. Bio je toliko ljubak u Božjim očima jer je njegovo srce nalikovalo Božjem. Bog je imao duboku komunikaciju s njim, hodao s njim tristo godina i uzeo ga živoga kako bi ga postavio uza sebe. Fraza hodati s Bogom ovdje znači da je Bog bio s tom specifičnom osobom u svemu i Bog je bio s Henokom kroz tristo godina u svemu što je činio.

S kakvom biste vi osobom željeli ići na putovanje? Putovanje će biti ugodno ako idete s osobom s kojom možete dijeliti svoje misli. Isto tako, možemo vidjeti da je Henok bio u srcu jedno s Bogom i da je tako mogao hodati s njim.

Budući da je Bog u svojoj biti svjetlo, dobrota i ljubav, ne smijemo u sebi imati tamu, već se iz nas mora izlijevati dobrota i ljubav kako bismo mogli hodati s njim. Henok se održao svetim iako je živio u grešnom svijetu i prenio ljudima Božju poruku (Jd 1,14). Biblija ne govori da je on postigao nešto veliko ili ispunio posebnu dužnost. No, budući da se duboku u svom srcu bojao Boga, izbjegavao je zlo i živio posvećenim životom kako bi mogao hodati s njim. Bog ga je uzeo kako bi ga mogao brže staviti sebi blizu.

Zato nam Poslanica Hebrejima 11,5 govori: *„Vjerom je Henok prenesen tako da nije vidio smrti; i više se ne nađe, jer ga Bog bijaše prenio. Prije, naime, nego bijaše prenesen, primi svjedočanstvo da je ugodio Bogu."* Henok je imao onu vrstu vjere koja ugađa Bogu te je blagoslovljen da može zauvijek hodati s Bogom tako što je uznesen na nebo bez da je vidio smrti. Time je postao drugo rangirana osoba na nebu.

Abraham je nazvan Božjim prijateljem

Kakvo je to predivno srce imao Abraham da je nazvan Božjim prijateljem te je treće rangirana osoba u nebu?

Abraham je u potpunosti vjerovao Bogu te je bio potpuno poslušan. Kada je po Božjoj zapovijedi napuštao svoju domovinu, nije čak ni znao kamo ide, ali je u poslušnosti napustio svoj rodni grad i bazu svojeg gospodarstva. Štoviše, kada je primio zapovijed da prinese svog sina Izaka, kojeg je dobio u dobi od sto godina, kao žrtvu paljenicu, poslušao je bez oklijevanja. Vjerovao je Bogu koji je dobar i svemoguć i koji može podizati mrtve.

Abraham također nije bio nimalo sebičan. Primjerice, kada je bogatstvo njegovog nećaka Lota postalo tako veliko da više nisu mogli boraviti na istom mjestu, Abraham je dopustio Lotu da bira prvi govoreći: „*Neka ne bude svađe između mene i tebe, između pastira mojih i tvojih – ta mi smo braća. Nije li sva zemlja pred tobom? Odvoji se od mene! Kreneš li ti nalijevo, ja ću nadesno; ako ćeš ti nadesno, ja ću nalijevo*" (Post 13,8-9).

Jednom prilikom ujedinili su se mnogi kraljevi te upali u Sodomu i Gomoru, oteli sva dobra i hranu kao i Abrahamova nećaka Lota koji je živio u Sodomi. Abraham je zatim uzeo svojih 318 ljudi rođenih i obučenih u njegovom domaćinstvu, krenuo u potjeru za kraljevima te vratio hranu i dobra. Kralj Sodome htio je Abrahamu dati dio tih dobara kao znak zahvalnosti, ali on je to odbio. Učinio je to kako bi dokazao da njegovi blagoslovi dolaze isključivo od Boga. Abraham je poslušao u vjeri u Božju slavu sa srcem čistim poput čistog i bistrog kristala. Zato ga je Bog obilno blagoslovio na zemlji kao i na nebu.

Mojsije, vođa izlaska iz Egipta

Kakvo je srce imao Mojsije, vođa izlaska iz Egipta da je rangiran kao četvrti u nebu? Knjiga Brojeva 12,3 nam govori: „*Mojsije je bio veoma skroman čovjek, najskromniji čovjek na zemlji.*"

U Judinoj poslanici opisana je scena u kojoj se arhanđeo Mihael prepire sa Sotonom oko Mojsijevog tijela, a to je zato što je Mojsije ispunjavao preduvjete da bude uzdignut na nebo bez da vidi smrti. Kada je Mojsije bio egipatski princ, ubio je Egipćanina koji je tukao Hebreja. Zbog toga je đavao tvrdio da Mojsije mora vidjeti smrt.

Da, arhanđeo Mihael se prepirao s đavlom, govoreći kako je Mojsije odbacio svaki grijeh i zlo te da ispunjava preduvjete da bude uzdignut. U 17. poglavlju Evanđelja po Mateju, čitamo kako su se Mojsije i Ilija spustili s neba kako bi razgovarali s Isusom. Iz toga se može izvesti zaključak o tome što se dogodilo s Mojsijevim tijelom.

Mojsije je morao pobjeći iz faraonove palače zbog ubojstva koje je počinio. Zatim je četrdeset godina uzgajao ovce u pustinji. Kroz testiranje u pustinji, Mojsije je izgubio sav svoj ponos koji je imao kao princ u faraonovoj palači. Tek mu je nakon toga Bog dao zadatak da izvede Izraelce iz Egipta.

Sada se Mojsije, koji je jednoć ubio čovjeka i pobjegao, morao ponovo vratiti u faraonovu palaču i iz Egipta izvesti Izraelce koji su tamo 400 godina bili robovi. To se, ljudski gledano, činilo nemogućim, ali Mojsije je poslušao Boga i otišao pred faraona. Nije bilo tko mogao postati vođom koji će izvesti dva milijuna ljudi iz Egipta i uvesti ih u Kanaan. Zato je Bog prvo pročistio i oblikovao Mojsija u pustinji te ga kroz 40 godina učinio osobom koja može prigrliti i podnijeti Izraelce. Na taj način Mojsije je postao osoba koja može poslušati po cijenu vlastitog života te izvršiti dužnost vodstva Izraelaca iz Egipta. Iz Biblije možemo jasno vidjeti kako je velik Mojsije bio.

„Mojsije se vrati Jahvi pa reče: 'Jao! Narod onaj težak je grijeh počinio napravivši sebi boga od zlata. Ipak im taj grijeh oprosti... Ako nećeš, onda i mene izbriši uz svoje knjige koju si napisao'" (Izl 32,31-32).

Mojsije je jako dobro znao da brisanje iz knjige nije

predstavljalo samo tjelesnu smrt. Dobro je znao da će oni čije ime nije upisano u Knjigu života biti bačeni u pakleno jezero, vječnu smrt te zauvijek trpjeti, ali je bio spreman prihvatiti vječnu smrt za oproštenje grijeha naroda.

Kako li se Bog osjećao gledajući tog Mojsija? Bog je bio tako zadovoljan njime jer je u potpunosti razumio Božje srce koje mrzi grijeh, a ipak želi spasiti grešnika. Bog je uslišao njegovu molitvu. Smatrao je Mojsija vrednijim od cijelog naroda jer je Mojsije imao srce koje je bilo kako treba u Božjim očima te čisto poput vode života koja izvire iz njegova prijestolja.

Da imate jedan savršeni dijamant veličine graha i stotine kamena veličine šake, što biste smatrali vrednijim? Nitko ne bi zamijenio mali dijamant za obično kamenje.

Shvativši kako je Mojsije, koji je postigao da njegovo srce bude poput Božjeg, puno vredniji od svi Izraelaca zajedno, trebali bismo postići da naša srca budu čista i bez mane poput kristala.

Pavao, apostol poganima

Peto rangirani je apostol Pavao koji je posvetio svoj život evangelizaciji pogana. Iako je bio vjeran Božjem kraljevstvo po cijenu vlastitog života i bio toliko strastven, jedan djelić njega uvijek je žalio što je progonio vjernike Isusa Krista prije nego je prihvatio Gospodina. Zato u Prvoj poslanici Korinćanima 15,9 priznaje: *„Ja sam uistinu najmanji među apostolima, budući da sam progonio crkvu Božju."*

Međutim, budući da je bio tako dobra posuda, Bog ga je odabrao, pročistio i upotrijebio za apostola pogana. U Drugoj poslanici Korinćanima 11,23 nadalje opisana su mnoge nevolje koje je pretrpio propovijedajući evanđelje i možemo vidjeti da je propatio toliko da je očajavao nad vlastitim životom. Mnogo puta je bio bičevan i zatvoren. Pet puta je od Židova primio trideset devet udaraca, tri puta je bio šiban, jednom kamenovan, tri puta je doživio brodolom, proveo je dan i noć na otvorenom moru, često nije spavao, bio je gladan i žedan, bio je u hladnoći i studeni (2 Kor 11,23-27).

Pavao je toliko pretrpio da je u Prvoj poslanici Korinćanima 4,9 priznao: *„Bog je, čini se, nas apostole učinio posljednjima, kao osuđenicima na smrt; postali smo prizorom svijetu, anđelima i ljudima."*

Zašto je Bog dopustio da Pavao koji je bio tako vjeran prođe kroz tolike nevolje? Mogao ga je zaštititi od svih tih nevolja, ali htio je da Pavlovo srce kroz te nevolje postane čisto i bistro poput kristala. Na kraju krajeva, apostol Pavao mogao je primiti utjehu i radost samo od Boga, potpuno se zanijekati i u potpunosti poprimiti Kristov oblik. Zato je u Drugoj poslanici Korinćanima 11,28 mogao reći: *„Povrh toga, moje svakodnevno salijetanje: briga za crkve."*

U Poslanici Rimljanima 9,3 također je izjavio: *„Želio bih da ja osobno budem određen za uništenje, odijeljen od Krista za svoju braću, za svoju rodbinu po tijelu."* Pavao, koji je imao takvo srce čisto i divno poput kristala, nije mogao samo ući u Novi Jeruzalem, već stoji blizu Božjeg prijestolja.

3. Predivne žene u Božjim očima

Već smo pogledali kako izgleda prva gozba u Novom

Jeruzalemu. Kada Bog Otac uđe u dvoranu, iza njega se nalazi žena. Ona poslužuje Boga Oca u bijeloj haljini koja gotovo dotiče pod i koja je ukrašena mnogim draguljima. Ta žena je Marija Magdalena. Uzevši u obzir okolnosti tog vremena kada je javna uloga žena bila ograničena, nije mogla učiniti toliko puno u ostvarenju Božjeg kraljevstva, ali budući da je u Božjim očima bila tako lijepa žena, mogla je ući u najčasnije mjesto na nebu. Kao što postoji poredak među prorocima na temelju toga koliko je njihovo srce slično Božjem, i žene u nebu imaju određeni poredak na temelju toga koliko ih je Bog prepoznao i ljubio. Kakvim su životima živjele te žene da ih je Bog prepoznao i ljubio i da bi u nebu bile osobe od časti?

Marija Magdalena je prva srela uskrslog Isusa

Žena koju Bog najviše ljubi je Marija Magdalena. Dugo vremena bila je vezana silama tame te bila prezrena od drugih i patila od mnogih bolesti. Jednog od tih teških dana, čula je vijest o Isusu Kristu, pripremila dragocjeni parfem i krenula prema njemu. Čula je da je Isus došao u kuću jednog farizeja i pošla tamo, ali nije se usudila doći pred njega iako je jako čeznula za tim. Došla je iza njega, natopila njegove noge svojim suzama i otrla ih svojom kosom te razbila posudu dragocjenog parfema i izlila ga na njega. Oslobođena je od bolova i bolesti kroz taj čin vjere i bila je jako zahvalna. Od tada nadalje, tako je silno ljubila Boga da ga je pratila kamo god on pošao te postala predivna žena koja je posvetila svoj život Isusu (Lk 8,1-3).

Slijedila je Isusa čak i kada je razapet i kada je udahnuo svoj posljednji dah, iako je znala da samom svojom prisutnošću na tom mjestu ugrožava vlastiti život. Ona je otišla dalje od toga da jednostavno uzvrati Isusu za ono što je primila, već ga je slijedila, posvećujući mu sve, uključujući vlastiti život.

Marija Magdalena koja je toliko voljela Isusa postala je i prva osoba koja je vidjela Isusa nakon uskrsnuća. Postala je najveća žena u povijesti čovječanstva jer je imala tako dobro srce i njezina su predivna djela taknula i samog Boga.

Djevica Marija bila je blagoslovljena tako što je začela Isusa

Druga među najdivnijim ženama u Božjim očima je Djevica Marija, koja je blagoslovljena time da začne Isusa koji je postao Spasiteljem svijeta. Prije otprilike 2000 godina Isus je trebao doći u tijelu kako bi otkupio sve ljude od njihovih grijeha. Kako bi se to ostvarilo, bila je potrebna žena koju Bog smatra prikladnom te je odabrana Marija koja je u to doba bila zaručena za Josipa. Bog joj je unaprijed kroz arhanđela Gabriela rekao da će začeti Isusa po Duhu Svetom. Marija se nije prepustila ljudskom promišljanju, već je hrabro izrazila svoju vjeru: *„Evo službenice Gospodnje, neka mi bude po riječi tvojoj!"* (Lk 1,26-38).

U to doba, ako bi djevica zatrudnjela, prema Mojsijevom zakonu, nije samo trebala biti javno osramoćena, već i kamenovana. Međutim, duboko u svom srcu ona je vjerovala da Bogu ništa nije nemoguće i zato se prepustila da bude kako je rečeno. Imala je dovoljno dobro srce da posluša Božju riječ čak i ako ju je to moglo koštati života. Kako li je sretna bila kada je tek začela Isusa ili dok ga je gledala kako odrasta u sili Božjoj! Bio je to takav blagoslov za Mariju koja je bila obično stvorenje. Zato je bila tako sretna jednostavno gledajući Isusa te mu je služila i ljubila ga više od svog vlastitog života. Tako je Djevica Marija bila silno blagoslovljena te je uz Mariju Magdalenu primila vječnu slavu među svim ženama na nebu.

Estera se nije bojala ničega kako bi ispunila Božju volju

Estera, koja je hrabro spasila svoj narod s vjerom i ljubavlju, postala je predivna žena u Božjim očima te primila najčasniji položaj u nebu.

Nakon što je kralj Ahasver oduzeo kraljici Vašti njezin kraljevski položaj, Estera je izabrana među mnogim ženama da bude nova kraljica iako je bila Židovka. Kralj, kao i drugi ljudi, su je voljeli jer se nije pokušavala istaknuti niti je bila ponosna, već se okitila čistoćom i elegancijom iako je bila prirodno jako lijepa.

U međuvremenu, nakon što je ona postala kraljica, Židovi su se našli u velikoj nevolji. Agađanin Haman, koji je uživao kraljevu naklonost razbjesnio se kada mu se Židov Mordokaj nije htio pokloniti i odati mu počast. Zato je skovao urotu da uništi sve Židove u Perziji te je od kralja dobio dozvolu za to.

Estera je tri dana postila za svoj narod i odlučila izaći pred kralja (Est 4,16). Prema tadašnjem perzijskom zakonu, ako bi itko došao pred kralja bez njegova poziva, trebao je biti smaknut. Jedina je iznimka bila kada bi kralj položio svoje zlatno žezlo na tu osobu. Nakon tri dana posta Estera je, oslonivši se na Boga, izašla pred kralja odlučivši: „*Treba li da poginem, poginut ću!*" Zahvaljujući Božjoj intervenciji, Haman koji je skovao urotu je sam bio ubijen. Estera ne samo da je spasila svoj narod, već ju je kralj još više zavolio.

Isto tako, Estera je prepoznata kao predivna žena na nebu i dan joj je slavni položaj jer se čvrsto držala istine te imala hrabrosti da preda svoj život kako bi bila poslušna Božjoj volji.

Ruta je imala divno i dobro srce

Sada, pozabavimo se malo Rutinim životom. Ona je također jedna od predivnih žena u Božjim očima te je postala jedna od najvećih žena u nebu. Kakvo je bilo njezino srce i njezina djela da je ugodila Bogu?

Ruta, koja je bila Moapka, udala se za Izraelca čija je obitelj doselila u Moab zbog gladi, ali je ubrzo izgubila svog muža. Svi muškarci u njezinoj obitelji su rano umrli tako da je ona živjela sa svojom svekrvom Noemi i šogoricom Orpom. Noemi, zabrinuta za njihovu budućnost, rekla je svojim snahama da se vrate svojim obiteljima. Orpa ju je u suzama ostavila, ali Ruta je ostala te pritom emocionalno izjavila:

> *„Nemoj me tjerati da te ostavim i da odem od tebe: jer kamo ti ideš, idem i ja, i gdje se ti nastaniš, nastanit ću se i ja; tvoj narod moje je narod, i tvoj Bog moj je Bog. Gdje ti umreš, umrijet ću i ja, gdje tebe pokopaju, pokopat će i mene. Neka mi Jahve uzvrati svakim zlom i nevoljom ako me išta osim smrti rastavi od tebe."*

Budući da je Ruta imala takvo divno srce, nije ni pomislila na svoju vlastitu dobrobit već se vodila dobrotom, čak i kada joj je to moglo naškoditi. Izvršila je svoju dužnost te sretna vjerno služila svojoj svekrvi.

Rutino djelo služenja svekrvi bilo je tako divno da je cijelo selo znalo za njezinu vjernost i ljubav. Naposljetku, uz pomoć svoje svekrve, udala se za čovjeka čije ime je Boaz, i koji je bio njihov skrbnik. Rodila je sina i postala baka kralja Davida (Rt 1,5-6). Nadalje, Ruta je blagoslovljena tako što je uvrštena u rodoslovlje Isusa Krista iako je bila poganskog porijekla te je, uz Esteru, postala najljepša žena u nebu.

4. Marija Magdalena boravi blizu Božjeg prijestolja

Iz kojeg nam razloga Bog daje do znanja te stvari o prvoj gozbi u Novom Jeruzalemu i poretku proroka i žena? Bog ljubavi ne samo da želi da svi ljudi prime spasenje, već da sliče njegovom srcu kako bi mogli boraviti blizu njegovog prijestolja u Novom Jeruzalemu.

Kako bismo primili tu čast da boravimo blizu Božjeg prijestolja u Novom Jeruzalemu, naša srca moraju nalikovati njegovom koje je čisto poput kristala. Moramo postići da nam srce bude čisto poput dvanaest temelja zidova Novog Jeruzalema.

Zato ćemo nadalje proučiti život Marije Magdalene koja služi Bogu Ocu boraveći blizu njegovo prijestolja. Dok sam se molio vezano uz „Lekcije iz Ivanovog Evanđelja", nadahnut Duhom Svetim spoznao sam mnogo toga o životu Marije Magdalene. Bog mi je otkrio u kakvoj je obitelji Marija Magdalena rođena, kako je živjela i kakav je bio njezin život nakon susreta s Isusom, našim Spasiteljem. Nadam se da ćete slijediti njezino divno i dobro srce koje je u svemu preuzelo krivnju na sebe te njezinu požrtvovnu ljubav za Gospodina kako biste i vi imali tu čast boraviti blizu Božjeg prijestolja.

Rođena je u idolopokloničkoj obitelji

Dobila je ime Marija Magdalena jer je bila iz sela Magdale koje je bilo puno idolopoklonika. Njezina obitelj nije bila iznimka i kroz mnoge generacije nad njom se nalazilo prokletstvo zbog ozbiljnog grijeha idolopoklonstva te je zbog toga obitelj imala mnogo problema.

Marija Magdalena, koja je rođena u najgoroj mogućoj duhovnoj situaciji, nije mogla normalno jesti zbog bolesti želuca i crijeva. Budući da je većinu vremena bila tjelesno slaba, tijelo joj je bilo podložno raznim bolestima. Nadalje, čak su joj i menstruacije prestale u ranoj dobi te je tako izgubila svoju važnu funkciju kao žena. Zato je uvijek boravila u svojoj kući i povlačila se kao da uopće nije prisutna. Međutim, iako su se prema njoj čak i članovi njezine obitelji odnosili s prijezirom i hladnoćom, nikada se nije bunila protiv njih niti prigovarala, već ih je nastojala razumjeti i biti im izvor snage tako što je svu krivnju preuzimala na sebe. Kada je shvatila kako ne može biti izvor snage za svoju obitelj, nego im predstavlja samo teret, otišla je od njih. Razlog tome nije bila mržnja ili nepovjerenje zbog njihovog lošeg ponašanja prema njoj, već zato što im nije željela biti teret.

Davala je sve od sebe preuzimajući svu krivnju na sebe

U međuvremenu je upoznala čovjeka na kojeg se nastojala osloniti, no on je imao tako zlo srce. Nije se trudio brinuti za obitelj, već je trošio novac na kocku. Tražio je od Marije Magdalene da mu pribavi više novca te je pritom često vikao na nju i tukao ju.

Marija Magdalena počela se baviti vezenjem dok je pokušavala pronaći bolji izvor zarade. No, budući da je bila slabe konstitucije, a radila je cijele dane, postala je još slabija te se morala još više oslanjati na druge. Međutim, iako je zapravo uzdržavala tog čovjeka svojim radom, on nije bio zahvalan već ju je stalno ponižavao. Marija Magdalena ga nije mrzila, već joj je bilo žao što ne može biti od veće pomoći zbog svoje tjelesne slabosti te je smatrala da je svako njegovo zlostavljanje razumno.

Dok je bila u takvoj očajnoj situaciji, zaboravljena i napuštena od roditelja, braće i čovjeka s kojim je živjela, čula je radosnu vijest. Čula je vijest u Isusu koji je činio velika čuda kao, primjerice, vraćao vid slijepcima i sluh gluhima. Kada je Marija Magdalena čula o svemu tome, nije nimalo posumnjala u vjerodostojnost Isusovih znakova i čudesa jer je njezino srce bilo dobro. Imala je vjere da će sve njezine bolesti i slabosti biti iscijeljene kada sretne Isusa.

Čeznula je za time da ga sretne. Napokon je čula kako Isus dolazi u njezino selo i da će boraviti kod farizeja čije ime je Šimun.

Izlila je miomirise u vjeri

Marija Magdalena je bila tako sretna da je donijela miomiris kojeg je kupila novcem uštedenim od vezenja. Nemoguće je prikladno opisati što se događalo u njezinom srcu i emocijama kada je srela Isusa.

Ljudi su je pokušali zaustaviti da dođe pred njega zbog njezine ofucane odjeće, ali nitko je nije mogao zaustaviti. Usprkos oštrim pogledima ljudi, Marija Magdalena je došla pred Isusa i počela roniti suze kada je ugledala njegov nježan lik.

Nije se usudila ustati pred njim, zato je došla s njegove stražnje strane. Kada se našla do njegovih nogu, još je više i jače plakala i natopila mu noge svojim suzama. Otrla mu je noge svojom kosom i razbila bočicu mirisa te ga izlila na njih jer je za nju Isus bio tako dragocjen.

Budući da je došla pred Isusa s takvim žarom i iskrenošću, ne samo da su joj oprošteni grijesi, već se dogodilo čudesno iscjeljenje te je bila iscijeljena od svih svojih unutarnjih bolesti. Svi su organi njezina tijela počeli ponovo normalno funkcionirati te je ponovo dobila mjesečnice. Njezino lice, koje je izgledalo grozno zbog mnoštva bolesti, poprimilo je sretan i radostan izgled, a njezino tijelo, koje je nekada bilo tako slabo, postalo je zdravo. Ponovo je stekla svoju vrijednost kao žena te više nije bila vezana silama tame.

Slijedila je Isusa do kraja

Marija Magdalena iskusila je nešto na čemu je bila zahvalna više nego na iscjeljenju. Bila je to činjenica da je srela nekoga tko joj je pružio obilje ljubavi koju nikada ni od koga ranije nije primila. Od tog trenutka nadalje, posvetila je svoje vrijeme i strast Isusu s toliko radosti i zahvalnosti. Budući da joj je zdravlje bilo obnovljeno, mogla je financijski podupirati Isusa svojim vezenjem te ga slijediti svim svojim srcem.

Marija Magdalena nije slijedila Isusa samo kada je izvodio čuda i iscjeljenja i mijenjao živote mnogih snažnim porukama, već je bila uz njega kada je trpio; kada su ga Rimljani zlostavljali i pribili na križ. Usprkos činjenici da joj je zbog same prisutnosti pokraj križa život bio ugrožen, Marija Magdalena pratila je Isusa do Golgote dok je nosio svoj križ.

Kako li se osjećala dok je Isus, kojeg je toliko voljela, patio toliku bol i prolio svoju krv s vodom?

Gospodine, što da činim,
što da činim?
Gospodine, kako da živim?
Kako da živim bez tebe, Gospodine?

...

Kada bih mogla uzeti krv
koju si prolio,
kada bih mogla ponijeti bol
koju trpiš?

...

Gospodine,
ne mogu živjeti bez tebe.
Ne mogu živjeti
ako nisam s tobom.

Marija nije maknula svoj pogled s Isusa sve do njegovog posljednjeg daha te je duboko u svoje srce pokušala urezati njegov pogled i njegovo lice. Nadalje, gledala je Isusa do njegovog posljednjeg trenutka i pratila Josipa iz Arimateje koji je stavio njegovo tijelo u grobnicu.

Susrela je uskrslog Isusa u zoru

Marija Magdalena čekala je da prođe subota kako bi rano ujutro prvog dana sedmice mogla otići i pomazati Isusovo tijelo. Međutim, nije mogla pronaći njegovo tijelo. Bila je silno žalosna i plakala kada joj se ukazao uskrsli Gospodin. Tako je imala čast susresti se s uskrslim Gospodinom prije svih drugih.

Čak i kada je Isus umro na križu, ona to nije mogla vjerovati. Isus joj je bio sve i silno ga je voljela. Kako li je samo sretna bila kada je susrela uskrslog Isusa u tim okolnostima! Nije mogla zaustaviti suze od osjećaja koji su je preplavili. Isprva nije prepoznala Gospodina, ali kada ju je nježnim glasom prozvao imenom, shvatila je da je to on. U Evanđelju po Ivanu 20,17 uskrsli Gospodin joj kaže: *„Nemoj me dulje držati, jer još nisam izišao k Ocu, nego idi k braći mojoj i reci im: 'Uzlazim svome Ocu i vašem Ocu, svome Bogu i vašem Bogu.'"* Budući da je Gospodin isto tako volio Mariju Magdalenu, ukazao joj se prije no što je otišao Ocu nakon uskrsnuća.

Dojavila je vijest o Isusovom uskrsnuću

Možete li zamisliti koliko je nevjerojatno sretna bila Marija Magdalena kada je srela uskrslog Gospodina kojeg je toliko voljela? Priznala je da želi ostati s Gospodinom zauvijek. Gospodin je poznavao njezino srce, ali joj je objasnio da trenutno ne može ostati s njim te joj dao zadatak. Trebala je dojaviti vijest o uskrsnuću njegovim učenicima jer je bilo potrebno umiriti njihova srca i umove te ih utješiti nakon šoka Isusovog raspeća.

U Evanđelju po Ivanu 20,18 čitamo: „*Marija iz Magdale ode i javi učenicima da je vidjela Gospodina i da joj je to rekao.*" Nije slučajnost da je Marija Magdalena prva vidjela uskrslog Gospodina i dojavila vijest o njegovom uskrsnuću učenicima. Bio je to rezultat njezinog predanja i služenja Gospodinu i njezine strastvene ljubavi prema njemu.

Da je Pilat tražio nekoga tko želi biti razapet umjesto Isusa, Marija Magdalena bi se prva javila. Marija Magdalena voljela je Isusa više od vlastitog života i služila mu u potpunom predanju.

Čast da služi Bogu Ocu

Bog je bio tako zadovoljan s Marijom Magdalenom koja je bila tako dobra u srcu i imala potpuno duhovnu ljubav. Marija Magdalena je ljubila Isusa nepromjenjivom i istinskom ljubavi od trenutka kada ga je prvi puta susrela. Bog Otac, koji je primio njezino dobro i divno srce, želio ju je smjestiti blizu sebe i mirisati ljupki miris njezina srca. Zato će, kada dođe vrijeme, omogućiti Mariji Magdaleni da primi tu slavu da ga služi, čak i da dotiče njegovo prijestolje.

Više od svega Bog Otac želi zadobiti istinsku djecu s kojom može zauvijek uživati u međusobnoj ljubavi. Zato je isplanirao proces obnove, oblikovao se u Trojstvo te dugo, dugo čekao i podnosio ljudska bića na zemlji.

Kada prebivališta na nebu budu spremna, Gospodin će se pojaviti na oblacima i održati svadbenu gozbu za svoje zaručnice. Zatim će im dozvoliti da vladaju s njim na tisuću godina i odvesti ih u nebeska prebivališta. Zauvijek ćemo živjeti s Trojedinim Bogom u potpunoj sreći i radosti na nebu koje je čisto poput kristala i ispunjeno njegovom slavom. Kako li će samo biti sretni oni koji uđu u Novi Jeruzalem jer će moći susresti Boga licem u lice i boraviti s njim zauvijek.

Prije dvije tisuće godina Isus je postavio pitanje: *"Ali, hoće li Sin Čovječji, kada dođe, naići pouzdanja (vjere) na zemlji?"* (Lk 18,8). Danas je zaista teško pronaći pravu i istinsku vjeru. Apostol Pavao čija je misija bila propovijedanje evanđelja poganima, napisao je pismo netom prije svoje smrti. Bilo je to pismo Timoteju, njegovom duhovnom sinu, koji je također patio zbog heretičkih podjela i progonstva kršćana.

"Zaklinjem te – pred Bogom i Kristom Isusom koji će suditi žive i mrtve – i njegovim dolaskom i njegovim kraljevstvom: propovijedaj riječ – pristupi (k vjernicima) – bilo da im je zgodno, bilo nezgodno – kori, prijeti, opominji u svojoj strpljivosti i svakoj vrsti pouke. Jer doći će vrijeme kad ljudi neće podnositi zdrave nauke, nego će prema svojim strastima sebi nagomilati učitelje da im škakljaju uši, te će odvratiti uši od istine, a okrenut će se bajkama. A ti budi trijezan u svemu, podnesi patnje, vrši djelo propovjednika Radosne vijesti, ispuni svoju dužnost

do kraja. Već se moja krv izlijeva u Božju čast, vrijeme je moje smrti blizu. Plemenitu sam borbu izvojevao, trku dovršio, vjeru sačuvao. Već mi je pripravljen vijenac pravednosti koji će mi u onaj dan dati Gospodin, pravedni sudac, i ne samo meni nego i svima koji budu željno čekali njegov dolazak" (2 Tim 4,1-8).

Ako se nadate nebu i čeznete za Gospodinovim dolaskom, morate se potruditi živjeti prema Božjoj riječi i izvojevati dobru borbu. Apostol Pavao se uvijek radovao iako je tako puno propatio šireći radosnu vijest.

Stoga i mi moramo posvetiti svoja srca i vršiti svoje dužnosti dajući više od onoga što se očekuje od nas kako bismo ugodili Bogu i mogli zauvijek uživati u ljubavi boraveći blizu Božjeg prijestolja.

„Moj Gospode,
koji dolaziš
na oblacima slave
čeznem za danom
kada ćeš me zagrliti.
Pored tvog slavnog prijestolja
zauvijek ćemo uživati u ljubavi
u kojoj nismo mogli na zemlji,
zajedno se prisjećajući prošlosti.
O, poći ću u nebesko kraljevstvo
plešući
kada me Gospodin pozove!

O to kraljevstvo nebesko!"

Autor:
Dr. Jaerock Lee

Dr. Jaerock Lee rođen je 1943. u Muanu, provincija Jeonnam, Republika Koreja. U svojim dvadesetim godinama Dr. Lee je sedam godina bolovao od niza neizlječivih bolesti i iščekivao smrt bez ikakve nade u oporavak. Međutim, jednoga dana, u proljeće 1974., njegova ga je sestra odvela u crkvu, a, kada je kleknuo da se pomoli, živi ga je Bog smjesta ozdravio od svih njegovih bolesti.

Od trenutka kada je Dr. Lee upoznao živoga Boga putem tog prekrasnog iskustva, ljubio je Boga svim svojim srcem i dušem, a 1978. pozvan je da postane sluga Božji. Usrdno se molio da jasno spozna Božju volju, da je u cijelosti provede u djelo i da poštuje Riječ Božju. 1982. utemeljio je crkvu Manmin Central Church u Seulu, Koreja, a u toj su se crkvi događala brojna djela Božja, uključujući i čudesna ozdravljenja i znamenja.

1986. Dr. Lee zaređen je za pastora na Godišnjoj skupštini crkve Jesus' Sungkyul Church iz Koreje, a četiri godine kasnije, 1990., njegove su propovijedi Dalekoistočna televizijska kuća, Azijska televizijska postaja i Kršćanski radio Washingtona počeli prenositi na televiziji u Australiji, Rusiji, na Filipinima i u brojnim drugim zemljama.

Tri godine kasnije, 1993., crkvu Manmin Central Church odabrao je za jednu od „50 najvećih crkava na svijetu" časopis *Kršćanski Svijet* (SAD), a on je primio Počasni doktorat božanstva od fakulteta Christian Faith College, Florida, SAD, a 1996. i doktorsku titulu od teološkog sjemeništa Kingsway Theological Seminary, Iowa, SAD.

Od 1993. Dr. Lee predvodi i svjetsku misiju u mnogim prekooceanskim pokretima u Tanzaniji, Argentini, L.A.-u, Baltimore Cityju, Hawaiijima i

New York Cityju u SAD-u, Ugandi, Japanu, Pakistanu, Keniji, Filipinima, Hondurasu, Indiji, Rusiji, Njemačkoj, Peruu, Demokratskoj Republici Kongo i Izraelu. 2002. glavne kršćanske novine u Koreji prozvale su ga „svjetskim pastorom" za njegov doprinos u različitim prekooceanskim pokretima za veliko ujedinjenje.

Od travnju 2017. crkva Manmin Central Church ima kongregaciju od više od 120.000 članova. Ima 11.000 tuzemnih i inozemnih ogranaka crkve diljem planete, a dosad je više od 102 misionara poslano u 23 zemlje, uključujući i Sjedinjene Američke Države, Rusiju, Njemačku, Kanadu, Japan, Kinu, Francusku, Indiju, Keniju i mnoge druge zemlje.

Do datuma objavljivanja ove knjige Dr. Lee je napisao 107 knjiga, uključujući i bestselere *Kušanje Vječnog Života Prije Smrti, Moj Život, Moja Vjera I i II, Poruka Križa, Mjera Vjere, Raj I i II, Pakao* i *Božja Moć*. Njegova su djela prevedena na više od 76 jezika.

Njegove kršćanske kolumne objavljuju *The Hankook Ilbo, The Chosun Ilbo, The JoongAng Daily, The Dong-A Ilbo, The Seoul Shinmun, The Kyunghyang Shinmun, The Korea Economic Daily, The Korea Herald, The Shisa News,* and *The Christian Press.*

Dr. Lee je trenutačno vođa mnogih misionarskih organizacija i udruga, uključujući i funkcije predsjedavajućega u The United Holiness Church of Jesus Christ, stalnog predsjednika u The World Christianity Revival Mission Association, osnivača i predsjednika uprave u Global Christian Network (GCN), osnivača i predsjednika uprave u World Christian Doctors Network (WCDN) i osnivača i predsjednika uprave u Manmin International Seminary (MIS).

Ostale moćne knjige istog autora

Raj I

Podrobna skica božanske životne okoline u kojoj uživaju stanovnici raja i prekrasan opis različitih razina nebeskog kraljevstva.

Poruka Križa

Moćna poruka razbuđivanja za sve ljude koji su u duhovnom snu! U ovoj ćete knjizi pronaći razlog zašto je Isus naš jedini Spasitelj i iskrenu Božju ljubav.

Pakao

Ozbiljna poruka cijelom čovječanstvu od Boga, koji ne želi da čak i jedna duša padne u dubine pakla! Otkrit ćete nikada prije objavljeni opis surove stvarnosti Hada i pakla.

Duh, Duša i Tijelo I & II

Kroz duhovno razumijevanje duha, duše, i tijela, koje su komponente ljudi, čitatelji se mogu zagledati u sebe i dobiti uvid u sam život

Mjera Vjere

Koja je vrsta boravišta, krune i nagrada pripravljena za tebe u raju? Ova ti knjiga donosi mudrost i vodstvo kako bi izmjerio svoju vjeru i kultivirao najbolju i najzreliju vjeru.

Probudi se, Izraele

Zašto je Bog uperio pogled u Izrael od početka svijeta do današnjega dana? Koja je vrsta Njegove providnosti pripravljena za Izrael posljednjih dana, koji iščekuje Mesiju?

Moj Život, Moja Vjera I & II

Najmirisnija duhovna aroma izvučena kao ekstrakt iz života koji je procvjetao neusporedivom ljubavlju za Boga usred tamnih valova, hladnoga jarma i najdubljeg očaja.

Božja Moć

Obvezno štivo koje služi kao neophodni vodič putem kojega se može zadobiti iskrena vjera i doživjeti čudesna Božja moć.

www.urimbooks.com

www.ingramcontent.com/pod-product-compliance
Lightning Source LLC
LaVergne TN
LVHW041805060526
838201LV00046B/1136